尾張藩所付代官人名辞典

澤柳倫太郎 著

風媒社

はじめに

古くから尾張藩の支配体制は、町方《まちかた》と村方《むらかた》（地方）に分けられていました。町方は名古屋城下を支配する町奉行、熱田を支配する熱田奉行、岐阜町を支配する岐阜奉行が置かれていました。

村方（地方）は、尾張領内の大部分は国奉行の支配下にあり、国奉行の下に大代官、郡奉行らが置かれ村方支配に当たっていました。寛文十三年（一六七三）には大代官三人、三カ村代官（美濃国恵那郡川上村、付知《つけち》村、加子母《かしも》村）二人、尾州郡奉行三人、濃州郡奉行二人、水奉行三人、山奉行二人、計十五人が置かれていました。これらの代官や奉行を含めて「代官」と総称していました。代官は支配地に常時駐在することはなく、村方支配は農政に慣れた手代任せになっていたため、贈収賄が横行するなど、そのしわ寄せは小百姓におよんでいました。

こうしたことから、天明農政改革の重要な施策となったのが「所付代官」の設置です。天明元年（一七八一）九月、佐屋《さや》（現・愛西市）・北方《きたがた》（現・一宮市）・水野（現・瀬戸市）に、同二年四月、鳴海（現・名古屋市緑区）・小牧（現・小牧市）・鵜多須《うたす》（現・愛西市）・太田（現・岐阜県美濃加茂市）・円城寺（現・岐阜県笠松町）、同三年八月、清洲《きよす》（現・清須市）・横須賀（現・東海市）・上有知《こうずち》（現・岐阜県美濃市）・神守《かもり》（現・津島市）など領内の十二の要衝地に代官所（陣屋）を置き、「所付代官」を任地に駐在させました。

天明三年九月には村方からの願書はすべて所付代官を通すこととし、水奉行、尾州・濃州郡奉行を廃止し、それらの職務を所付代官が扱うこととしました。

その後、天明五年に円城寺代官所が廃止になり、寛政二年（一七九〇）に庄内《しょうない》代官所が設置され、大代官支配の村々が全て移管されました。さらに寛政六年六月には、国奉行の職務を勘定奉行に併合して、勘定奉行地方懸り兼公事懸りとし、村方は勘定奉行─所付代官の支配体制になりました。

同十一年に庄内代官所が廃止になり、大代官所は元に戻りました。享和三年（一八〇三）には神守代官所が廃止になり、名古屋城下の大代官を加えた十一の代官所体制で幕末に至ります。

尾張藩の公式人事記録である『藩士名寄』、『士林泝洄』をはじめ『国秘録役寄書書抜』、『職奉録全』や所付代官に関する諸論文、尾張・美濃地方の市町村史などで調べたところ、天明元年（一七八一）から明治維新までの百年間に一四一人、のべ二八五人の所付代官の名前が判明しました。これら全所付代官についての人名録である本書を、令和元年の記念すべき年に出版することにしました。近世尾張藩所付代官の研究や尾張・美濃地域史の研究の一助になれば幸いです。

著者

尾張藩所付代官人名辞典　目次

【あ】

茜部三十郎　相嘉　あかなべ さんじゅうろう すけよし　寛政七年（一七九五）～慶応二年（一八六六）

通称三十郎・平太・平十郎・伊藤吾。名は相嘉。号は舜園。本姓は伊藤。美濃国厚見郡茜部村の出身、嘉永四年（一八五一）十二月茜部と改姓。実父は藤井六郎治豊泰。寛政七年（一七九五）十一月二十三日に生れる。文政元年（一八一八）、伊藤庄平祐寿の養子となる。同五年五月四日、御目見より家督三十俵を継ぎ、小普請組に出仕した。国学者植松茂岳《しげおか》らと共に勤皇家として活動する。同七年八月、表錠口番並から藩主斉朝《なりとも》の近侍となる。次いで斉温《なりはる》の小納戸に転じ、天保元年（一八三〇）書院番。同二年九月十日、大番組。嘉永二年四月、十一代藩主斉温が十四歳で病死したことに伴い、江戸の老臣たちは、幕府と斉荘の弟田安家慶頼に相続させようと謀議を重ねていた。これに反発する中、下士の集まりである金鉄党の中心人物である伊藤吾は、幕府から三代押しつけ養子に反対し、美濃国高須藩四谷家義恕《よしくみ》（後の慶勝）の襲封を主唱、やむなく慶恕《よしくみ》（義恕）に決まった。嘉永二年（一八四九）六月、慶恕は、第十四代尾張藩主に就任した。入国早々慶恕は、ペリーの黒船来航に伴い、海防体制を充実するため、知多半島の海岸防備の強化を命じている。これは大番組番士で金鉄党の茜部相嘉の建白書「防御一巻」に基づき、台場の建設、大砲の鋳造、藩士の砲術訓練など海防体制の強化がとられた。嘉永六年（一八五三）十二月二十二日、清須代官に抜擢された。

安政五年（一八五八）十一月二十六日、藩主慶勝の隠居、謹慎に連座して、蟄居謹慎を命じられた。文久二年九月二十九日、慶勝の謹慎が解かれると相嘉は、再び清州代官に復帰した。清須代官時代、管内の産物である切干大根の領外輸出問題で、農民の意見を擁護して勘定奉行と衝突している。文久三年（一八六三）五月二十五日、長男小五郎に家督を譲り隠居した。慶応二年（一八六六）十二月三十日、病死した。享年七十二。

相嘉の若い時からの親友、国学者植松茂岳は、「雄心幸玉翁」という追称を贈った。世禄は五十俵。中村区道下町の光明寺（浄土宗）に墓・碑文がある。著書に「古事記伝補遺」、「雅言集」、「七道説」、「日本紀補遺」、「水内神社考」、「彝園雑記」などがある。

【典拠・参考文献】『藩士名寄』、『藩士大全』、『名古屋市史人物編・学芸編』、『三百藩家臣人名事典四（尾張藩）』、『植松茂岳第二部』、『新編物語藩史第五巻（尾張藩）小島廣次』、『新修稲沢市史本文編上』、『春日村史』、『清洲町史』、『平和町誌』、『新川町誌』、『新川町史通史編』、『名古屋名家墓地録（全）』

朝田藤三郎　あさだ とうざぶろう　生年不詳～天保十二年（一八四一）

通称藤三郎、藤吉。父は藤兵衛。天明三年（一七八三）五月九日、普請方無足見習より普請方並手代になる。寛政六年（一七九四）閏十一月十八日、普請方手代。同十一年正月二十二日、御

歩行格。享和元年（一八〇一）六月十六日、記録所書役。文化二年（一八〇五）正月六日、徒目付になる。同五年七月十七日、勘定吟味役見習。同年八月杁方懸り。同八年正月十九日、勘定吟味役並。同十一年正月十一日、勘定吟味役本役になる。文政二年（一八一九）十一月十九日、清須代官に昇進した。同九年六月十四日、勘定吟味役頭取。同十一年七月二十七日杁懸り相勤。同十二年六月二十六日、清須代官兼役。天保四年（一八三三）二月二十二日、数十年精勤に付き御目見以上になり、元高三十俵に加増される。同九年四月二十四日、大代官に栄進する。同十二年十二月、長囲炉裏番に転任する。同年同月二十五日、長囲炉裏番在職中に病死した。生年は不詳。家禄は三十俵。子の小太郎は小牧代官、蔵奉行である。

【典拠・参考文献】『藩士名寄』、『藩士大全』、『新修稲沢市史通史編上』、『清州町史』、『平和町誌』、『新川町誌』、『新川町史通史編』

朝田小太郎　あさだ こたろう　生年不詳～元治二年（一八六四）

通称小太郎。父は清須代官、大代官の朝田藤三郎藤吉である。文政九年（一八二六）記録所書役見習に出任した。同十一年三月十一日、御日記懸り書役。天保七年（一八三六）十一月六日、熱田奉行所改役並。同十四年正月十二日、町奉行所吟味役となる。弘化四年（一八四七）五月十六日、御細工頭になる。嘉永三年（一八五〇）四月十日、寺社奉行所吟味役。安政二年（一八五五）八月十六日、寺社吟味役。同三年六月十五日、地方吟味役となる。同五年十二月二十九日、小牧代官に昇進した。万延元年（一八六〇）九月四日、蔵奉行になる。文久二年（一八六二）十一月二十日、禄高五十俵に加増される。元治元年（一八六四）二月二十日、蔵奉行在職中に病死した。生年は不詳。家禄は五十俵。子の純一郎は、慶応元年（一八六五）四月御目見より、小普請組、同年十月、留書見習。同四年二月、留書所調役見習。同年八月、北地惣管参謀助役。明治二年（一八六九）十一月、任権少属。同四年八月二十八日、辞任する。

【典拠・参考文献】『藩士名寄』、『藩士大全』、『小牧市史』、『江南市史本文編上』

天野勘太夫　あまの かんだゆう　生没年不詳

通称勘太夫、勘兵衛、新之丞、三樹雄。父は勘兵衛。嘉永四年（一八五一）十二月六日、家督百石を相続し御目見より大筒役に出仕した。安政六年（一八五九）七月四日、鉄砲玉薬奉行に進み、慶応元年（一八六五）十月二十二日、上有知代官に昇進した。同四年五月十四日、佐屋代官に転任した。明治二年二月二十四日、川並奉行兼北方代官兼円城寺奉行となる。同年十一月二十五日、川並・円城寺奉行廃止に付、同日北方邑宰《ゆうさい》に改められる。同三年十一月十七日、任権少属、同日北方出張所懸りになる。同四年八月二十六日免本官。生没年は不詳。家禄は百石。

【典拠・参考文献】『藩士名寄』、『藩士大全』、『美濃市史通史編上巻』、『佐屋町史史料編二』、『北方御代官人名録』、『一宮市史上巻』、『新編一宮市史本文編上』、『江南市史本文編』

新井宇兵衛　あらい うひょうえ　生没年不詳

通称宇兵衛、新兵衛。就任年月日は不詳、勘定所手代から地方吟味役になり、寛政十一年（一七九九）八月五日、鵜多須代官に昇進した。文化二年（一八〇五）三月二十三日、「大代官時代ニ、宇兵衛大坂商人平助トイヘル者ト金談過失ノ罪状ニヨリ、改易トナル」（『尾張徇行記上巻』三十六頁）。生没年は不詳。家禄は不詳。

［典拠参考文献］『国秘録役寄帳書抜』、『職奉録』、『松濤棹筆（抄）上』、『尾張徇行記上巻』、『八開村史通史編』、『祖父江町史』

荒尾喜蔵　あらお よしぞう　生年不詳～安政二年（一八五五）

通称喜蔵。養父は荒尾喜右衛門。文化二年（一八〇五）八月二日、御目見より記録所書役並に出仕した。同五年五月二十六日、徒士目付並。同八年二月十一日、徒目付本役となる。文政四年（一八二一）五月晦日、熱田奉行所改役に転任した。同七年十月四日、町奉行所吟味役。天保四年（一八三三）十月十日、水野代官兼林奉行に昇進した。同六年九月十日、鵜多須代官に転任した。同九年四月二十四日、清須代官。同十一年十一月十二日、川並奉行兼北方代官になる。同十三年四月九日、錦織奉行兼木曽材木奉行。嘉永元年（一八四八）十一月八日、錦織奉行格大代官に栄進した。同六年十二月二十二日、書物奉行。安政二年（一八五五）四月二十八日、旗奉行になる。同年十二月四日、旗奉行在職中に病死した。生年は不詳。家禄は百石。

［典拠・参考文献］『藩士名寄』、『藩士大全』、『瀬戸市史通史編上』、『長久手町史本文編』、『日進町誌資料編三』、『八開村史通史編』、『新修稲沢市史通史編上』、『北方御代官人名録』、『新編一宮市史通史編上』

【い】

飯沼定右衛門　いいぬま さだえもん　生没年不詳

通称定右衛門、吉平次。名は守昉。実父大嶋四郎兵衛の二男。養父は飯沼林右衛門。宝暦四年（一七五四）二月、御目見。安永四年（一七七五）十二月二十三日、養父隠居により家督二百

五十石を相続し、馬廻組に出仕した。同五年十一月十三日、馬廻組小頭仕埋。同七年三月二十九日、水奉行。天明二年（一七八二）四月十六日、所付代官となる。同年十月十三日、初代鳴海代官に昇進した。同年十二月十七日、鳴海役所並びに役宅が完成し、作事奉行西郷市左衛門から引渡しを受ける。同月二十五日、家族と共に引越し、同日から御用取扱いを始める。同三年八月五日、佐屋奉行兼代官に転任した。寛政二年（一七九〇）四月四日、岐阜奉行に栄進した。同十一年正月一四日、岐阜奉行を辞任。以下の人事記録不詳。生没年は不詳。家禄は二百五十石。

［典拠・参考文献］『藩士名寄』、『藩士大全』、『国秘録役寄帳書抜』、『豊明市史資料編二』、『日進町誌資料編三』、『佐屋町史史料編二』、『尾張藩社会の総合研究第四編』

石川小兵衛　いしかわ こへえ　生年不詳～弘化二年（一八四五）

通称小兵衛、父は雲平。寛政九年（一七九七）七月二十一日、御目見より留書見習記録所懸りに出仕した。同十年七月六日、留書並。享和元年（一八〇一）三月九日、留書本役。文化二年（一八〇五）八月二十九日、勘定吟味役並。同五年正月十一日、勘定吟味役本役。同九年二月二十七日、鵜多須代官に昇進した。同十一年十月二十九日、清須代官に転任する。文政元年（一八一八）五月十日、佐屋代官。同六年十一月二十六日、鳴海代官に進み、同七年十一月二十九日、大代官に栄進した。天保六年（一八三五）九月十日、木曽材木奉行格大代官になる。同九年七月三十日、錦織奉行格大代官。弘化二年（一八四五）十一月二十四日、大代官在職中に病死した。生年は不詳。家禄は切米六七俵。

[典拠・参考文献]『藩士名寄』、『藩士大全』、『八開村史通史編』、『新修稲沢市史通史編上』、『佐屋町史史料編二』、『豊明市史資料編二』、『日進町誌資料編三』

石川常十郎　いしかわ つねじゅうろう　生年不詳〜天保五年（一八三四）

通称常十郎、吉太郎、弥兵衛。父は弥兵衛。寛政九年（一七九七）七月二日、御目見より留書見習に出仕した。同十一年五月二十七日、留書並。享和元年（一八〇一）十月九日、留書に進み、文化五年（一八〇八）三月四日、勘定吟味役並。同八年正月十一日、勘定吟味役本役になる。同十一年十月二十九日、横須賀代官に昇進した。同十四年二月十八日、父弥兵衛隠居に付、家督二百石を相続した。文政二年（一八一九）三月二十六日、大番組与頭並。同八年正月十一日、大番組与頭。同九年三月一日、先手物頭。同十年四月九日、目付に昇進した。天保五年（一八三四）正月十七日、目付在職中に病死した。生年は不詳。家禄は二百石。

[典拠・参考文献]『藩士名寄』、『藩士大全』、『東海市史通史編』、『郷土文化第四巻第三号』、『知多市誌本文編』

石原善吾　いしはら ぜんご　生没年不詳

通称善吾、磯之丞、喜伝次、名は正賀。延享四年（一七四七）七月、勘定方並手代に出仕した。同五年三月、本役手代。明和六年（一七六九）二月、地方目付。同九年二月、野方奉行になる。安永六年（一七七七）三月、林奉行を兼務する。同九年六月、寺社吟味役並。天明三年（一七八三）八月五日、小牧代官に昇進した。寛政元年（一七八九）二月、明倫堂主事になる。同八年九月、新御番に転任する。以下の人事記録は不詳。生没年は不詳。家禄は三十石。

［典拠・参考文献］『藩士名寄』、『藩士大全』、『小牧市史』、『江南市史本文編』

磯貝武右衛門　いそがい たけえもん　生年不詳～文政九年（一八二六）

通称武右衛門、名は成方。寛政三年（一七九一）三月二十九日、浪人より明倫堂典籍見習に出仕した。同八年七月三日、典籍並。享和元年（一八〇一）五月二十日、寺社吟味役並。文化三年（一八〇六）正月十一日、寺社吟味役本役になる。同八年四月二十二日、御納戸金方。同十年十二月十六日御納戸呉服方。同十四年十月二十二日、白鳥材木奉行。文政三年（一八二〇）十一月十二日、川並奉行兼北方代官に昇進した。同八年三月二十日、作事奉行並に栄進した。同年九月二十六日、作事奉行並在職中病死した。生年は不詳。家禄は十二石三人扶持。

［典拠・参考文献］『藩士名寄』、『藩士大全』、『北方御代官人名録』、『江南市史本文編』

磯村弥八郎　いそむら やはちろう　生没年不詳

通称弥八郎。父は弥五太、養父は弥藤太。享和二年（一八〇二）五月二十九日、亡父遺跡百五十石を相続し馬廻組に出仕した。同三年十月四日、大番組。文化四年（一八〇七）十一月二十四日、琴姫様御用役。同八年三月十四日、伏見屋敷奉行になる。同九年十一月七日、上有知代官に昇進した。文政元年（一八一八）十二月二十六日、維君様御用役となる。同二年八月十二日、御納戸呉服方。同五年十月二十日、願により隠居した。生没年は不詳。家禄は百五十石。子の庄兵衛は上有知代官である。

［典拠・参考文献］『藩士名寄』、『藩士大全』、『美濃市史通史編上巻』

磯村庄兵衛　いそむら しょうべえ　生没年不詳

通称庄兵衛。父は伏見屋敷奉行・上有知代官の磯村弥八郎。文政五年（一八二二）十月二十日、御目見えより、家督百五十石を相続し馬廻組に出仕した。同六年十一月五日、大番組に転任する。同十年二月十五日、御小納戸。同年五月晦日、書院番。天保八年（一八三七）十月十日、上有知代官に昇進した。同十二年十二月二十七日、大番組与頭並。弘化四年（一八四七）正月十一日、大番組与頭本役になる。嘉永七年（一八五四）二月四日、願により隠居。生没年は不詳。家禄は百五十石。

［典拠・参考文献］『藩士名寄』、『藩士大全』、『美濃市史通史編上巻』

井田忠右衛門　いだ ただえもん　生年不詳～寛政十年（一七九八）

通称忠右衛門。父は不詳。出仕からの人事記録不詳。天明二年（一七八二）十月十三日、濃州郡奉行から太田代官に昇進した。同八年十月九日、鳴海代官に栄進した、寛政十年（一七九八）七月二日、鳴海代官在職中に病死した。生年は不詳。家禄は四十石五人扶持。

［典拠・参考文献］『国秘録役寄帳書抜』、『美濃加茂市史通史編上巻』、『可児町史通史編』、『日進町誌資料編三』、『豊明市史史料編 二』、『緑区郷土史』

市瀬東七郎　いちのせ とうしちろう　生年不詳～天保十四年（一八四三）

通称東七郎、藤七郎、藤八郎。養父は市瀬助左衛門。文化十一年（一八一四）五月三日、御目見より留書見習に出仕した。同十三年九月二十七日、留書並。文政元年（一八一八）十一月二十九日、留書本役となる。同五年九月四日、父の遺跡百五十石を継ぐ。同年十二月二十四日、右筆。同十年三月十五日、中将様小納戸付、御膳番兼帯。同十三年十一月五日、長囲炉裏番。天保五年（一八三四）三月二十日、小普請組与頭。同六年九月十日、勘定吟味役になる。同七年九月十四

日、同役公事方。同九年四月二十四日、鵜多須代官に昇進した。同十四年正月十日、鵜多須代官在職中に病死した。生年は不詳。家禄は百五十石。

［典拠・参考文献］『藩士名寄』、『藩士大全』、『八開村史通史編』、『新編一宮市史資料編八』

一色庄左衛門　いっしき しょうざえもん　生没年不詳

通称庄左衛門、六郎、千之丞、勘兵衛、新次郎、孫三郎、兵馬。養父は瀬兵衛。文政四年（一八二一）八月十八日、家督百五十石を継ぎ、馬廻組に出仕した。同七年二月五日、大番組に転任する。同九年三月七日御小納戸格御小姓になる。同年同月十四日、御小姓格御側懸り。同十年二月一日、中奥御番。同年七月十三日、中奥小姓。同十一年三月五日、小納戸膳番兼帯。同年四月二十九日、中納言様御側懸格小納戸御膳番兼帯。文政十一年（一八二八）六月十三日、中奥小姓。弘化二年（一八四五）十二月十四日、馬廻組与頭並、嘉永四年（一八五一）正月十一日、馬廻組与頭。同年四月十六日、水野代官兼林奉行に昇進した。安政元年（一八五四）十二月二十九日、大番組与頭、同五年十二月二十九日、清須代官に転任。翌六年十二月十八日、佐屋代官。文久二年（一八六二）十二月十八日、金奉行になる。明治二年（一八六九）十一月二十五日、出納方従事。同年十二月晦日、東方部宰少従事。同三年十一月十八日、願により隠居。生没年は不詳。家禄は二百石。

［典拠・参考文献］『藩士名寄』、『藩士大全』、『瀬戸市史通史編上』、『瀬戸市誌資料編四近世』、『日進町誌資料編三』、『新修稲沢市史通史編上』、『佐屋町史史料編一』

【う】

上田喜兵衛　うえだきへえ　生没年不詳

通称喜兵衛、要人。父は主水。嘉永三年（一八五〇）十二月二十七日、御目見より留書見習に出仕した。同六年正月十八日、留書並。安政五年（一八五八）九月二日、留書本役。同六年六月十八日、地方吟味役。同年八月十二日、勘定吟味役になる。文久二年（一八六二）八月二十七日、小牧代官に昇進した。同三年正月二十七日、白鳥材木奉行。慶応二年（一八六六）十二月二十六日、佐屋代官に転任した。同四年五月十四日、御納戸格普請役。明治元年（一八六八）十一月四日、御維新に付御目見席寄合。同年十二月二十二日、白鳥材木奉行。同二年十一月二十五日、材木奉行を材木監に改名。同年十二月三日、御城御番一等兵隊。同三年十一月二十二日、御城御番

一等兵隊廃止に付き職務差免。生没年は不詳。家禄は切米三十俵。

[典拠・参考文献]「藩士名寄」、「藩士大全」、『江南市史本文編』、『小牧市史』、『新編一宮市史資料編八』、『佐屋町史史料編二』

上田源助　うえだ げんすけ　生没年不詳

通称源助、友吉。父は五兵衛。寛政七年(一七九五)十月七日、亡父家禄百五十石を相続し馬廻組に出仕した。同十年十二月四日、大番組に転任する。文化九年(一八一二)七月四日、明倫堂典籍となる。同十二年七月九日、御船手改役。文政四年(一八二一)十二月二十一日、伏見屋敷奉行。同十年六月二十二日、御納戸金方。同年十月二十二日、上有知代官に昇進した。天保四年(一八三三)十一月十日、大番組与頭並。同十年正月十一日、大番組与頭本役となる。弘化三年(一八四六)十二月十八日、長囲炉裏番。嘉永六年(一八五三)五月十日、願通り隠居。生没年は不詳。家禄は百五十石。

[典拠・参考文献]『藩士名寄』、『藩士大全』、『美濃市史通史編』

上田伴右衛門　うえだ ばんえもん　生年不詳～文政三年（一八二〇）

通称伴右衛門、九八郎、音左衛門。父は上田佐次右衛門。天明五年（一七八五）九月晦日、知行百五十石を継ぎ、馬廻組に出仕した。寛政五年（一七九三）正月十九日、大番組。同六年四月三日、五十人目付になる。享和元年（一八〇一）七月十八日、寺社吟味役となる。文化十年（一八一三）正月二十九日、純姫様御用役になる。同年十月二十三日、書院番。同十一年二月七日、在京御用達役となる。同十二年九月十六日、川並奉行兼北方代官に昇進した。文政三年（一八二〇）十月二十六日、北方代官職中に病死した。生年は不詳。家禄は百五十石。

［典拠・参考文献］『藩士名寄』、『藩士大全』、『北方御代官人名録』、『新編一宮市史史料編八』『江南市史本文編』

碓氷清八郎　うすい せいはちろう　生年不詳～天保十年（一八三九）

通称清八郎。名は重治。父は清左衛門。天明二年（一七八二）十二月一日、御目見から亡父遺跡知行百五十石を継ぎ、同心に出仕した。寛政五年（一七九三）正月十六日、大番組に転任。同九年六月九日、地方吟味役に進み、享和三年（一八〇三）四月二十四日、鵜多須代官に昇進した。文化九年（一八一二）二月二十七日、鳴海代官になる。同十五年五月六日、使番格金奉行。文政七年（一八二四）八月二十九日、普請奉行に昇進。同九年二月十日、勘定奉行並、公事方。同十一年正月十五日、勘定奉行本役に栄進した。天保六年（一八三五）七月二十七日、書院番頭格鎗奉行になる。同十年二月二十二日、在職中に病死した。生年は不詳。家禄は百五十石。

鳴海代官在職中、良吏として領民に敬慕された事績を伝える、永井星渚撰文の「碓氷重治君徳政碑（文化十二年建立）」が、名古屋市緑区誓願寺に現存している。碑文は「尾張国愛知郡誌」に記されている。

［典拠・参考文献］「藩士名寄」、『藩士大全』、『八開村史通史編』、『祖父江町史』、『新編一宮市史資料編八』、『緑区郷土史』、『尾張藩公法史の研究』、『尾張国愛知郡誌』、『豊明市史資料編一』、『日進町誌資料編三』

【お】

太田文左衛門　おおた ぶんざえもん　生没年不詳

通称文左衛門。父は不詳。尾張藩に出仕から佐屋代官までの人事記録不詳。寛政十一年（一七九九）二月八日、佐屋代官に昇進し、文化元年（一八〇四）十月二十七日まで五年八か月間、佐

屋代官を在任。以後の人事記録不詳。生没年不詳。家禄不詳。
［典拠・参考文献］『佐屋町史史料編一』、『佐屋町史通史編』、『蟹江町史』

太田萬太郎　おおた まんたろう　生年不詳～天保三年（一八三二）

通称萬太郎。父は文左衛門。寛政八年（一七九六）九月三日、御目見より右筆見習に出仕した。同九年七月二十六日、右筆部屋留役になる。享和元年（一八〇一）十二月十八日、願に依り小普請組に転任する。同三年十二月二十七日、聖聰院様物書。文化元年（一八〇四）十二月九日、小普請組。同二年七月十四日、熱田方与力並となる。同七年十月十六日、徒目付組頭並。文化十年八月六日、徒目付組頭本役になる。同十二年五月十六日、亡父遺跡切米百俵を継ぐ。文政二年（一八一九）五月二十六日、町奉行所吟味役頭取格次座。同七年（一八二四）六月六日、白鳥材木奉行。同十一年三月十九日、川並奉行兼北方代官に昇進した。同年十二月十二日、木曽材木奉行並兼錦織奉行。天保三年（一八三二）正月十一日、木曽材木奉行に栄進した。同年十一月十一日、木曾材木奉行在職中に病死した。生年不詳。家禄は切米百俵。

［典拠・参考文献］『藩士名寄』、『藩士大全』、『北方御代官人名録』、『新編一宮市史通史編上』、『新編一宮市史資料編八』、『一宮市史上巻』

大森庄九郎　おおもり しょうくろう　生年不詳〜天保四年（一八三三）

通称庄九郎、新五郎。名は秀孝。父は庄九郎。文化六年（一八〇九）二月十八日、御目見より留書見習に出仕した。同七年八月二十七日、留書並。同十年五月二十五日、留役本役となる。同年九月十九日、亡父遺跡百五十石を継ぎ、馬廻組に転任。同年十二月十九日、大番組。文化十一年六月二十七日、熱田方改役。同十三年十一月八日、勘定吟味役となる。文政四年（一八二一）二月三日、小納戸。同年四月十三日、奥詰兼帯。同年八月五日、書院番。文政五年二月十八日、水野代官兼林奉行に昇進した。同十二年正月十四日、馬廻組与頭並に転任した。天保四年（一八三三）六月二十四、佐屋代官になる。同年七月二十七日、佐屋代官在職中に病死した。生年は不詳。家禄は百五十石。

［典拠・参考文献］『藩士名寄』、『藩士大全』、『瀬戸市史通史編上』、『瀬戸市史資料編四近世』、『長久手町史本文編』、『佐屋町史史料編一』、『佐屋町史通史編』

岡崎新吾　おかざき しんご　生没年不詳

通称新吾、徳太郎。父は太郎兵衛。天保七年（一八三六）正月二十日、御目見より家督百五十石を相続し、馬廻組に出仕した。同年四月二十六日、小納戸格表錠口番兼帯、大納言様御用向心得。同年五月十六日、小納戸、大納言様御用相心得。同年八月三日、大納言様御側懸り、御小姓

格となる。同年十月十日、小納戸役、大納言様御用相心得。嘉永二年（一八四九）三月二十四日、御広敷懸り。同年七月五日、広敷懸り免除。同三年九月十二日、中奥御番格普請役。安政二年（一八五五）二月十六日、改革に付き寄合となる。文久三年（一八六三）七月九日、表御番に転任。元治元年（一八六四）七月十七日、水野代官兼林奉行に昇進した。慶応元年（一八六五）七月十九日、佐屋代官。同二年十二月二十六日、御納戸金方。同四年正月二十八日、御目付となる。同年八月晦日、神宮奉行参謀兼帯。明治二年（一八六九）二月二日、監察になる。同年九月二十三日、福嶋懸りになる。同三年十月九日、元士族方従事。同年同月二十五日、御用方触頭。明治三年十二月五日、願により士族触頭差免。生没年は不詳。家禄は百五十石。

【典拠・参考文献】『藩士名寄』、『藩士大全』、『瀬戸市史通史編上』、『長久手町史本文編』、『日進町誌資料編三』、『佐屋町史史料編 二』

岡崎弥兵衛　おかざきやへえ　生没年不詳

通称弥兵衛、三四郎、次郎。養父は弥兵衛。嘉永四年（一八五一）十一月十九日、御目見より亡父遺跡百五十石を継ぎ、馬廻組に出仕した。同五年十月二十二日、大番組。文久二年（一八六二）十二月十八日、横須賀代官に昇進した。元治元年（一八六四）十月十五日、小牧代官に転任する。慶応二年（一八六六）三月二十二日、御納戸格普請役。同年十月十九日、大番組与頭。同四年三月二十九日、御使番格明倫堂主事となる。明治二年（一八六九）二月二日、監察。同年五月二十九日、四等官員。同年九月晦日、一等兵隊。同三年十一月十九日、願により辞職。生没年は不詳。家禄は百五十石。

［典拠・参考文献］『藩士名寄』、『藩士大全』、『東海市史通史編』、『郷土文化第四巻第三号』、『知多市誌本文編』、『小牧市史』、『江南市史本文編』

小笠原九郎右衛門　おがさわら　くろえもん　生没年不詳

通称九郎右衛門。父は不詳。安永八年（一七七九）十二月十日、尾州郡奉行から天明元年（一七八一）五月二十三日、佐屋代官に昇進した。寛政元年（一七八九）三月九日、普請奉行兼帯。天明元年五月二十三日～同三年八月五日まで佐屋代官在任。以下の人事記録は不詳。生没年は不詳。家禄は不詳。

［典拠・参考文献］『国秘録役寄帳書抜』、『佐屋町史史料編一』、『飛島村史通史編』、『蟹江町史』

小笠原九郎右衛門　おがさわら　くろえもん　生年不詳～慶応四年（一八六八）

通称九郎右衛門、鉉吉。父は善助。文化十五年（一八一八）二月十八日、御目見より家督百石を継ぎ、馬廻組に出仕した。文政元年（一八一八）五月十八日、大番組に転任する。天保四年（一八三三）八月十日、明倫堂監生。同九年四月二十四日、勘定吟味役公事方。同十五年十月晦日、勘定吟味役頭取になる。弘化四年（一八四七）三月十日、川並奉行兼北方代官に昇進した。嘉永六年（一八五三）十二月二十二日、大代官。安政三年（一八五六）正月二十六日、白鳥材木奉行。同年七月九日、作事奉行に栄進する。同五年十二月二十七日、再度川並奉行兼北方代官となる。文久元年（一八六一）六月十四日、円城寺奉行兼帯。同二年八月二十七日、作事奉行格大代官。同三年十月十日、作事奉行。慶応二年（一八六六）二月二十六日、普請奉行並。同三年三月一日、普請奉行格鳴海代官になる。同四年四月十四日、鳴海代官在職中病死した。生年は不詳。家禄は百石。

［典拠・参考文献］『藩士名寄』、『藩士大全』、『北方御代官人名録』、『新編一宮市史資料編八』、『江南市史本文編』、『日進町誌資料編三』、『豊明市史本文編』

岡清右衛門　おか せいえもん　生年不詳〜天保二年（一八三一）

通称清右衛門、勝右衛門。名は周利。父は不詳。明和九年（一七七二）四月二十六日、御目見より慶之助様御歩行役に出仕した。安永六年（一七七七）十一月七日、寺社吟味役見習、寺社方下書方。同九年三月二十三日、五十人目付並。天明三年（一七八三）正月十九日、五十人目付本

役となる。寛政九年（一七九七）七月七日、新知行百石を給う。同十年八月十三日、清須代官に昇進した。享和三年（一八〇三）四月二十四日、寺社吟味役。文化五年（一八〇八）六月四日、佐屋代官に転任する。文政元年（一八一八）五月十日、鳴海代官になる。同四年正月二十四日、大代官に栄進した。同六年十一月二十六日、書院番組頭。同七年六月二十四日、御使番格書院番組頭。天保二年（一八三一）十二月十六日、在職中に病死した。生年は不詳。家禄は百石。

［典拠・参考文献］『藩士名寄』、『藩士大全』、『新修稲沢市史通史編上』、『清州町史』、『佐屋町史史料編二』、『日進町誌資料編三』、『豊明市史資料編二』

岡田喜太郎　おかだ きたろう　生没年不詳

通称喜太郎。父は不詳。養父は蔵六郎。天保九年（一八三八）八月二十九日、亡養父遺跡百俵を継ぎ、馬廻組に出仕した。同十一年九月十四日、大番組に転任する。同十四年正月九日、勘定吟味役に進む。弘化四年（一八四七）六月十七日、地方吟味役になる。嘉永二年（一八四九）十二月二十一日、横須賀代官に昇進した。同五年二月六日、鵜多須代官に転任する。文久元年（一八六一）四月十八日、大代官になる。同二年十二月十八日、佐屋代官に転任する。同三年正月二十七日、大代官兼勘定吟味役頭取となる。同年十二月二十九日、川並奉行兼北方代官兼円城寺奉行になる。元治元年（一八六四）六月六日、勘定奉行並地方懸り公事方になる。慶応四年（一八六八）正月十一日、勘定奉行本役に栄進した。同年四月二十七日、勘定奉行地方懸り公事方。明治二年（一八六九）十月八日、名古屋藩権少参事になる。同年十一月二十五日、職名が民政権判事農政懸りに改められる。同年十一月二十五日、民政権判事農政懸り。同年十二月五日、会計権判事。同三年五月十二日、願により隠居した。生没年は不詳。家禄は百俵。

［典拠・参考文献］『藩士名寄』、『藩士大全』、『東海市史通史編』、『知多市誌本文編』、『郷土文化第四巻第三号』、『北方御代官人名録』、『八開村史通史編』、『新編一宮市史資料編八』、『江南市史本文編』、『佐屋町史史料編二』

岡寺孫十郎　おかでら まごじゅうろう　生年不詳〜安政五年（一八五八）

通称孫十郎、七十郎。父は喜惣治。文化十一年（一八一四）五月三日、御目見より留書見習に出仕した。同十三年十一月二十二日、留書並。文政二年（一八一九）正月二十七日、留書本役になる。同六年四月八日、右筆に進み、天保三年（一八三二）九月二十四日、右筆組頭になる。同五年七月十八日、在京御用達役。同年十二月十日、亡父願置通り、切米五十六俵を継ぐ。同十一年十一月四日、水野代官兼林奉行に昇進した。同十四年七月二十二日、大番組与頭並。嘉永二年（一八四九）正月十一日、大番組与頭本役。安政五年（一八五八）九月十八日、大番組与頭在職中に病死した。生年は不詳。家禄は切米五十六俵。

［典拠・参考文献］『藩士名寄』、『藩士大全』、『近世の瀬戸』、『瀬戸市史通史編上』、『瀬戸市史資料編四近世』、『長久手町史本文編』、『日進町誌資料編三』

奥平藤左衛門　おくだいら とうざえもん　生年不詳～嘉永五年（一八五二）

通称藤左衛門、直三郎。名は貞周。父不詳。養父は藤左衛門。寛政十一年（一七九九）六月十八日、御目見より養父知行百五十石を継ぎ、馬廻組に出仕した。同年十月三日、大番組に転任する。文化十年（一八一三）九月二十五日、勘定吟味役になる。同十三年正月三十日、勘定吟味役杁方懸りになる。文政二年（一八一九）十一月十九日、勘定吟味役頭格、勤方はこれまで通り。同六年三月晦日、馬廻組与頭並。同十二年正月十一日、馬廻組与頭本役になる。天保十一年（一八四〇）十一月二十二日、鳴海代官に昇進した。同十四年八月三日、御使番格地廻本役。弘化四年（一八四七）九月二十五日、普請役。嘉永五年（一八五二）五月六日、在職中に病死した。生年は不詳。家禄は百五十石。

［典拠・参考文献］『藩士名寄』、『藩士大全』、『日進町誌資料編三』、『尾張藩公法史の研究』、『豊明市史資料編二』

奥田伝蔵　おくだ でんぞう　生没年不詳

通称伝蔵。父は不詳。養父は文次郎。嘉永五年（一八五二）九月四日、御目見より亡養父遺跡切米三十俵を継ぎ、馬廻組に出仕した。安政六年（一八五九）十二月二十三日、儒学の志厚く精進に付儒者、明倫堂監生次座になる。文久二年（一八六二）十二月二十六日、世録五十俵に加増される。同三年八月六日、御舟手改役並。慶応元年（一八六五）五月十六日、太田代官に昇進した。同年七月十九日、横須賀代官に転任する。同四年五月十四日、御納戸格普請役。明治元年十一月二十八日、明倫堂主事並になる。同二年十一月二十五日、学校主簿。同三年三月十七日、御維新に付き制度等の御用向き骨折り相勤めに付き、金三両給う。同年四月十五日、学校監。同年十月八日、□□大属庶務懸り。同四年九月五日、書記編纂学校科心得。明治四年十一月二十五日、安濃津県（十等出仕）へ出向する。生没年は不詳。家禄は三十俵。

［典拠・参考文献］『藩士名寄』、『藩士大全』、『美濃加茂市史通史編』、『可児町史通史編』、『東海市史通史編』、『知多市誌本文編』、『郷土文化第四巻第三号』

尾崎友次郎　おざき ともじろう　正徳四年（一七一四）～天明六年（一七八六）

通称友次郎。名は秀豊。父は治郎兵衛。正徳四年（一七一四）に生まれる。享保十一年（一七二六）二月二十八日、晃禅院様に新規御目見。元文四年（一七三九）五月一日、父隠居に付き扶

持十五人分並びに屋敷共継ぐ。延享四年（一七四七）三月十日、五十人目付となる。宝暦三年（一七五三）九月九日、蔵奉行。同六年五月二十九日、山方野方奉行になる。同十一年九月十五日、濃州郡奉行。明和三年（一七六六）七月十九日、大代官になる。同九年二月二十四日、川並奉行。同年八月一日、川並奉行兼円城寺奉行。安永六年（一七七七）八月二十日、哲之助様御付。同年九月七日、哲之助様領地奉行並。同八年六月、領地奉行本役になる。天明元年（一七八一）五月二十三日、川並奉行兼北方代官に昇進した。同四年一月十日、金奉行、新知百石、御足高百石を給う。同六年七月二日、金奉行在職中に病死した。享年七十三。家禄は百石。妻は平尾忠右衛門女。

〔典拠・参考文献〕『藩士名寄』、『藩士大全』、『国秘録役寄書抜帳』、『北方御代官人名録』、『新編一宮市史資料編八』、『江南市史本文編』

織田孫七　おだ まごしち　生没年不詳

通称孫七。名は重輔。父は不詳。寛政八年（一七九六）三月、純姫様御用役。寛政十三年（一八〇一）正月十三日、神守代官に昇進した。享和三年（一八〇三）四月二十四日、神守代官転任後の人事記録は不詳。文化三年（一八〇六）四月十九日、白鳥材木奉行に就任。以下人事記録は不詳。生没年は不詳。家禄は不詳。子は、小牧・清洲・佐屋代官、勘定奉行の織田大助であり、曾孫は、上有知、太田、鳴海代官の織田大作である。

［典拠・参考文献］『国秘録役寄書抜帳』、『佐屋町史史料編一』、『蟹江町史』、『一宮市史資料編八』

織田大助　おだ だいすけ　生年不詳〜弘化三年（一八四六）

通称大助。父は神守代官の孫七。享和元年（一八〇一）六月十八日、御目見より留書見習、記録所懸りに出仕した。同三年正月十九日、留書並。文化六年（一八〇九）十月十四日、亡父遺跡二百石を継ぎ、馬廻組に転任する。同八年二月十四日、大番組。同年三月十四日、蔵奉行になる。同十四年正月十八日、白鳥材木奉行に転任する。文政五年（一八二二）五月四日、木曽材木奉行並兼錦織奉行になる。同八年二月十四日、御納戸呉服方。文政十年（一八二七）十一月五日、小牧代官に昇進した。同十一年六月晦日、清州代官に転任する。同十二年六月二十六日、佐屋代官になる。天保四年（一八三三）六月二十四日、馬廻組与頭並に転任する。同七年八月二十七日、錦織奉行兼木曽材木奉行。天保十二年四月二十七日、勘定奉行並、地方懸り兼公事方になる。同十四年正月十二日、勘定奉行本役に栄進した。弘化三年（一八四六）七月二十二日、勘定奉行在職中に病死した。生年は不詳。家禄は二百石。子は木曾材木奉行の郷右衛門、孫は上有知・太田・鳴海・大代官の織田大作である。

［典拠・参考文献］『藩士名寄』、『藩士大全』、『小牧市史』、『江南市史本文編』、『新修稲沢市史通史編上』、

『新編一宮市史資料編八』、『佐屋町史史料編一』、『佐屋町史通史編』

織田大作　おだ だいさく　生没年不詳

通称大作。父は木曾材木奉行の郷右衛門、小四郎。天保十年（一八三九）八月二十九日、御目見より留書見習に出仕した。同十二年正月二十四日、留書並。同年九月十七日、留書本役。嘉永元年（一八四八）十二月二十四日、船手改役になる。安政二年（一八五五）三月八日、船方改役。同三年三月十三日、杁奉行になる。同五年十二月十八日、上有知代官に昇進した。文久二年（一八六二）八月二十七日、太田代官に転任する。元治元年（一八六四）七月十七日鳴海代官に進み、同年十月十五日、大代官に栄進した。慶応三年（一八六七）三月一日、御納戸金方。同年六月二十八日、普請役。同四年（一八六八）五月、願により隠居した。生没年は不詳。家禄は二百石。祖父は勘定奉行の織田大助であり、曽祖父は、神守代官、木曾材木奉行の織田孫七である。

【典拠・参考文献】『藩士名寄』、『藩士大全』、『美濃市史通史編』、『美濃加茂市史通史編』、『可児町史通史編』、『日進町誌資料編三』、『豊明市史資料編 二』

小山七郎兵衛　おやま しちろべえ　生年不詳～文化十一年（一八一四）

通称七郎兵衛、源左衛門。名は高逵。幼名は半次郎。父は源左衛門。安永五年（一七七六）二月二十三日、源明様に初御目見。寛政三年（一七九一）三月十七日、家督百五十石を相続し、下条庄右衛門同心として出仕した。同五年十一月十九日、寄合組に転任する。同八年四月二十日、大番組。同十年八月十三日、地方吟味役となる。文化三年（一八〇六）五月四日、太田代官に昇進した。同五年七月十七日、小牧代官に転任する。同九年二月十四日、清洲代官になる。同十一年八月十四日、清須代官在職中に病死した。生年は不詳。家禄は百五十石。妻は佐々喜右衛門の女。後妻は岡助右衛門の女

【典拠・参考文献】『藩士名寄』、『藩士大全』、『美濃加茂市史通史編』、『可児町史通史編』、『小牧市史』、『江南市史本文編』、『新編一宮市史資料編八』、『新修稲沢市史通史編上』、

小山清兵衛　おやま せいべえ　生年不詳～嘉永六年（一八五三）

通称清兵衛、藤十郎、権左衛門。名は政好。父は丹羽又左衛門。養父は同姓清兵衛。天明五年（一七八五）八月二十八日、源明様に初御目見。同六年九月二十九日、養父遺跡百五十石を継ぎ、馬廻組に出仕した。寛政二年（一七九〇）十月二十三日、五十人目付。同五年三月二十日、五郎太様奥後番。同六年十月二十七日、普請組寄合。同八年十一月二十六日、地方吟味

役。同九年二月十八日、蔵奉行になる。同十年六月九日、川並奉行兼北方代官に昇進した。文化元年（一八〇四）十一月十四日、作事奉行並。同三年四月十九日、留書頭並。同九年正月十一日、留書頭本役になる。文政三年（一八二〇）七月二十九日、熱田奉行兼御船奉行。同七年八月十五日、寺社奉行に栄進した。天保四年（一八三三）三月十四日、書院番頭。同十一年九月六日、馬廻組頭格、加増五十石。嘉永六年（一八五三）三月四日、願通り隠居。同年四月五日、病死した。生年は不詳。家録は二百石。子は横須賀代官・佐屋代官・鳴海代官の清次郎。妻は森本分太夫養女。

［典拠・参考文献］『藩士名寄』、『藩士大全』、『北方御代官人名録』、『新編一宮市史資料編八』、『江南市史本文編』

小山清次郎　おやま せいじろう　生年不詳～安政七年（一八六〇）

通称清次郎・宗吉・藤十郎。名は政昭。父は川並奉行兼北方代官・寺社奉行の清兵衛。文化十二年（一八一五）八月十日、御目見より、右筆部屋留役見習に出仕した。同十三年十月十七日、右筆部屋留役となる。文政六年（一八二三）十月九日、右筆になる。同八年三月十日、勘定吟味役に進み、天保三年（一八三二）四月二十二日、横須賀代官に昇進した。同十年八月二十日、佐屋代官。同年十一月九月六日、俊恭院様御用役となる。同十二年六月十九日、御使番格普請役。天保十四年十一月七日、使番格鳴海代官になる。弘化三年（一八四六）九月二十四日、中奥小姓となる。嘉永四年正月二十二日、御使番格賄頭兼御台所頭に栄進した。同六年三月四日、父清兵衛隠居に付き、家督二百石を継ぎ寄合、賄頭兼台所頭になる。安政五年（一八五八）十二月二十九日、金奉行。同七年正月二十五日、金奉行在職中に病死した。生年は不詳。家禄は二百石。

【典拠・参考文献】『藩士名寄』、『藩士大全』、『東海市史通史編』、『知多市誌本文編』、『佐屋町史史料編二』、『豊明市史資料編二』、『日進町誌資料編三』

【か】

各務十右衛門　かくむ じゅうえもん　生年不詳～文政七年（一八二四）

通称十衛門、市左衛門。養父は権九郎。寛政五年（一七九三）十一月二十六日、御目見より養父遺跡百五十石を継ぎ、馬廻組に出仕した。同六年六月十三日、馬廻組世話役。同十年十一月八日、地方吟味役になる。文化三年（一八〇六）五月二十四日、上有知代官に昇進した。同九年二月十四日、小牧代官に転任する。文政二年（一八一九）十一月三日、馬廻組与頭になる。同六年三月晦日、長囲炉裏番に転任する。文政七年四月二十一日、長囲炉裏番在職中に病死した。生年は不詳。家禄は百五十石。

［典拠・参考文献］『藩士名寄』、『藩士大全』、『美濃市史通史編』、『小牧市史』、『江南市史本文編』

加藤久右衛門　かとう くえもん　生没年不詳

通称久衛門、萩蔵。父不詳。寛政五年（一七九三）熱田奉行地方支配から上有知代官に昇進した。同七年十一月十三日、神守代官になる。寛政九年六月九日、地方吟味役並。以下人事記録不詳。生没年は不詳。家禄は不詳。『国秘録役寄帳書抜』に、加藤久右衛門は、「元神守手代抜群の人に付、御代官仰付徒士格を仰付、学力も有し由」と付箋に朱字で記されている。生没年は不詳。家禄は不詳。

［典拠・参考文献］『国秘録役寄帳書抜』、『美濃市史通史編』、『蟹江町史』

加藤九郎右衛門　かとう くろえもん　生没年不詳

通称九郎右衛門。父は不詳。天明元年（一七八一）六月四日、水奉行から大代官に昇進した。天明三年八月五日、下屋敷奉行になる。以下人事記録は不詳。生没年は不詳。家禄は不詳。

【典拠・参考文献】『国秘録役寄帳書抜』

加藤仁右衛門　かとう じんえもん　生年不詳〜寛政八年（一七九六）

通称仁右衛門。父は不詳。出仕からの人事記録は不詳。寛政七年（一七九五）十一月、寺社吟味役から上有知代官に昇進した。翌八年三月七日、上有知代官在職中に病死した。生年は不詳。家禄は不詳。

【典拠・参考文献】『国秘録役寄帳書抜』、『美濃市史通史編』

金森市之進　かなもり いちのしん　生没年不詳

通称市之進。父は不詳。寛政八年（一七九六）九月二十三日、地方吟味役から上有知代官に昇進した。文化二年（一八〇五）八月四日、佐屋代官になる。同五年六月五日、白鳥材木奉行。以下、人事記録は不詳。生没年は不詳。家禄は不詳。

【典拠・参考文献】『国秘録役寄帳書抜』、『美濃市史通史編』。『佐屋町史史料編一』

金森五郎兵衛　かなもり ごろべえ　生年不詳～明治四年（一八七一）

通称五郎兵衛、和三郎。養父は松治。実父は日比野源八郎。天保十一年（一八四〇）十月二十六日、養父の遺跡五十俵を継ぎ、馬廻組に出仕した。同年十一月七日、小納戸並になる。天保十二年正月二十日、寄合組に転任する。安政三年（一八五六）十月十日、勝手改革所吟味役並。同四年五月一日、町方吟味役になる。

同六年正月十一日、御勝手所吟味役。文久元年（一八六一）八月十六日、勘定吟味役。同二年六月十八日、勘定吟味役頭取になる。文久三年（一八六三）正月二十七日、佐屋代官に昇進した。慶応元年（一八六五）七月一九日、鳴海代官に栄進する。同二年十二月二十六日、木曾材木奉行格町奉行吟味役頭取。同四年三月二十九日、普請役。明治元年（一八六八）十一月十四日、御維新に付き御目見席寄合になる。同二年九月二日、一等兵隊。同三年十一月十二日、兵制改めに付き職務差免。同四年病死した。生年は不詳。家禄は五十俵。

［典拠・参考文献］『藩士名寄』、『藩士大全』、『佐屋町史史料編一』、『豊明市史資料編二』、『日進町誌資料編三』

神間茂平　かみまもへい　生年不詳～文政三年（一八二〇）

通称茂平。父は不詳。宝暦十一年（一七六一）三月二日、勘定方並手代に出仕した。明和元年（一七六四）十二月二十四日、勘定方手代本役になる。明和三年三月、野方山方奉行手代。安永九年（一七八〇）濃州郡奉行手代。天明三年（一七八三）八月二十九日、上有知代官手代。寛政元年（一七八九）六月二日、御国方勘定役になる。同六年五月四日、御歩行格に昇格。同年六月四日、地方勘定役になる。享和二年（一八〇二）六月十一日、支配勘定組頭。同三年十月四日、勘定吟味役並。文化二年（一八〇五）八月四日、小牧代官に昇進した。同五年七月十七日、勘定吟味役頭取になる。同九年十月二十九日、大代官に栄進した。文政元年（一八一八）十二月二十六日、地方功労者として長年に亘り、格別骨折相勤に付「永々御目見と元高三十俵高」に加増された。同三年十二月二十一日、大代官在職中に病死した。生年は不詳。家禄は三十俵。

【典拠・参考文献】『藩士名寄』、『藩士大全』、『小牧市史』、『江南市史本文編』

川崎加一郎　かわさき かいちろう　生年不詳～明治二年（一八六九）

通称加一郎、九郎治。父利左衛門の惣領。文政八年（一八二五）六月四日、御目見より父隠居につき、家督二百五十石を継ぎ、馬廻組に出仕した。同年十一月三日、大番組に転任する。天保三年（一八三二）四月二十四日、勘定吟味役になる。同七年五月四日、小牧代官に昇進する。同八年十月十日、勘定吟味役頭取となる。同十二年十月七日、雑学心院様御用役になる。天保十三年五月二日、職務執行不行届に付き、馬廻組へ転任する。安政二年（一八五五）四月九日、大番組与頭になる。同四年十月二十五日、作事奉行に栄進した。文久三年（一八六三）八月二十六日、普請奉行格木曾材木奉行兼錦織奉行になる。元治元年（一八六四）廣敷物頭取格小納戸。慶応元年（一八六五）五月二十二日、奥寄合になる。明治元年（一八六八）十一月十四日、御維新に付き物頭寄合になる。同二年三月二十日、物頭寄合在職中に病死した。生年は不詳。家禄は二百五十石。

［典拠・参考文献］『藩士名寄』、『藩士大全』、『小牧市史』、『江南市史本文編』、『新編一宮市史資料編八』

河原一太郎　かわはら いちたろう　生年不詳～安政四年（一八五七）

通称一太郎、九郎左衛門。父は三十郎。文化九年（一八一二）六月七日、御目見より留書見習に出仕した。同十一年正月十二日、留書並になる。同十三年十一月二十二日、留書本役。文政五年（一八二二）八月晦日、町奉行吟味役になる。天保三年（一八三二）十月二十日、伏見屋敷奉行。同五年五月二十九日、上有知代官に昇進した。同八年十月十日、小牧代官に転任する。同十一年九月二十二日、勘定吟味役頭取。同十二年十一月四日、亡父遺跡切米五十六俵を継ぐ。同十三年六月二十三日、大代官兼勘定吟味役頭取に栄進した。弘化三年（一八四六）正月十二日、勘定吟味役頭取の兼任を解かれる。同年八月十六日、病気難渋の為普請役になる。安政三年（一八五六）六月三日、大代官在任中、所付代官より引渡された上納金を手代川合大助、持ち去りに付き差控。安政四年五月二日、大代官在職中に病死した。生年は不詳。家禄は切米五十六俵。

［典拠・参考文献］『藩士名寄』、『藩士大全』、『美濃市史通史編』、『小牧市史』、『江南市史本文編』、『新編一宮市史資料編八』

神田喜三郎　かんだ きさぶろう　生年不詳～天保二年（一八三一）

通称喜三郎。父は不詳。天明四年（一七八四）十二月十六日、御国方添物書より同物書になる。同七年十月二十九日、勘定役並。同八年十一月一日、勘定役本役となる。寛政六年（一七九四）六月四日、地方勘定役。享和二年（一八〇二）六月十一日、支配勘定組頭になる。文化八年（一八一一）、六月二十八日、勘定所吟味方。文政六年（一八二三）四月十四日、勘定吟味役並。同九年正月十一日、勘定吟味役本役となる。同年六月十四日、横須賀代官に昇進した。同十二年九月十日、数十年格別に出精相勤に付、永々御目見以上、元高三十俵に加増された。天保二年（一八三一）十月二日、横須賀代官在職中に病死した。生年は不詳。家禄は三十俵。

［典拠・参考文献］『藩士名寄』、『藩士大全』、『東海市史通史編』、『郷土文化第四巻第三号』、『知多市誌本文編』

【き】

橘田長七郎　きったちょうしちろう　生年不詳〜享和元年（一八〇一）

通称長七郎、源左衛門、吉十郎。父は不詳、鳥居傳兵衛の弟。養父は弥右衛門。天明二年（一七八二）五月二十三日、養父遺跡三百石の内二百石を受け、馬廻組に出仕した。同三年八月五日、御国方吟味役になる。同四年正月十日、川並奉行兼北方代官に昇進した。寛政元年（一七八九）十二月十日、佐屋代官に転任。同九年六月九日、大代官兼帯になる、加増二十石。同十一年正月十四日、岐阜奉行に栄進した。享和元年（一八〇一）九月八日、岐阜奉行在職中に病死した。生年は不詳。家禄は二百二十石。

［典拠・参考文献］『藩士名寄』、『藩士大全』、『北方御代官人名録』、『佐屋町史史料編一』

木村亀三郎　きむらかめさぶろう　生没年不詳

通称亀三郎、弥次左衛門。養父は弁三郎・弥次左衛門。安永二年（一七七三）二月、木村弁三郎の婿養子になる。天明七年（一七八七）十二月、養父遺跡百五十石を継ぎ、竹腰山城守同心に出仕した。寛政三年（一七九一）二月二十九日、御国方吟味役になる。同九年六月九日、神守代官に昇進した。同十二年十二月三日、弾正大弼様領地奉行。文化七年（一八一〇）十二月二十一日、書院番に転任。同十年十月二十三日、純姫様御用役になる。同十一年四月二十九日、願により馬廻組に転任する。文政六年（一八二三）十二月二十八日、願通り隠居。生没年は不詳。家禄は百五十石。

［典拠・参考文献］『藩士名寄』、『藩士大全』、『蟹江町史』

【く】

久世藤右衛門　くぜ　とうえもん　生年不詳～寛政九年（一七九七）

通称藤右衛門、藤蔵、岡右衛門、藤右衛門。名は正實。父は弥一右衛門。延享二年（一七四五）八月二十八日、源戴様に初御目見。同四年十二月二十一日、右筆部屋下書に出仕した。宝暦四年（一七五四）八月二十五日、五十人目付並。同七年六月四日、五十人目付本役となる。安永

五年（一七七六）六月二十日、尾州郡奉行になる。天明二年（一七八二）十月三日、鵜多須代官に昇進した。同四年十二月四日、呉服細物方御納戸役となる。同九年三月九日、下屋敷奉行になる。寛政九年（一七九七）七月三日、下屋敷奉行在職中に病死した。七十七歳。生年は不詳。家禄は百五十石。妻は濃州今尾の西願寺住職永顕の女。

［典拠・参考文献］『藩士名寄』、『藩士大全』、『八開村史通史編』、『祖父江町史』

【こ】

小池清右衛門　こいけ せいえもん　生年不詳～天保九年（一八三八）

通称清右衛門、半五郎、銀三郎。父は安藤甚右衛門の三男。養父は清右衛門。文化八年（一八一一）十二月九日、御目見えより留書見習に出仕した、同十一年三月二十六日、留書並。同十三年九月二十五日、留書本役になる。同十五年四月十四日、亡父遺跡切米三十七俵を継ぐ。文政元年（一八一八）十月二十日、勘定吟味役並。同四年二月十四日、勘定吟味役本役になる。同七年十一月二十九日、鵜多須代官に昇進した。

前任の鵜多須代官の斉藤弥五六《やごろく》と小池清右衛門の二人は、五十年余にわたった山論を解決している。それは尾張藩石河家領と旗本西高木家領の村が、明和五年（一七六八）の争いに端を発し、幾度かの中断や留山を経て、文政十二年（一八二九）まで五十年余にわたって争った山論があった。村同士の話合いや領主同士の話合いでも決着がつかず、しかも尾張藩領については、一般の給地に比べ、独立した支配権を有した石河家領であったこともあり、尾張藩が調停役になることによって解決した争論であった。実際に調停にあたったのは、この辺りの尾張藩領を管轄する鵜多須代官所で、争論が複雑化した文政三年（一八二〇）から、斎藤弥五六と小池清左衛門の二代の代官が争論の調停に関わった。最終の調停は名古屋で行われ、勘定所に提出した証文を年寄役が検分、双方の署名捺印によって決着した。五十年余にわたった争論を解決に導いたのは、二人の鵜多須代官の公正な判断によるところが大きかった。文政十二年十月、当時の小池清左衛門には、この功により白銀一枚を与えられた「新修名古屋市史第四巻」四〇八頁。

その後、天保五年（一八三四）六月八日、勘定吟味役頭取になる。同七年九月十四日、地方も相務める。同九年三月四日、勘定吟味役頭取在職中に病死した。生年は不詳。家禄は切米三十七俵。

【典拠・参考文献】『藩士名寄』、『藩士大全』、『尾張藩公法史の研究』、『信濃第四十巻第十一号』、『八開村史通史編』、『祖父江町史』、『新修名古屋市史第四巻』

児玉定一郎　こだま さだいちろう　生年不詳～文久二年（一八六二）

通称定一郎、貞一郎。名は雅氏。号は普庵。父は明倫堂教授の善之右衛門。文政九年（一八二六）十一月十八日、御目見より明倫堂監生に出仕した。同十年四月二十七日、明倫堂典籍並に進み。天保四年（一八三三）正月十一日、明倫堂典籍本役になる。同十二年十二月二十七日、町奉行所吟味役。同十四年七月二十五日、水野代官兼林奉行に昇進した。同十五年正月二十七日、佐屋代官に転任する。弘化四年（一八四七）十一月二十日、上有知代官となる。嘉永元年（一八四八）十月十日、亡父遺跡百石を継ぐ。同四年四月十六日、小牧代官になる。安政四年（一八五七）四月九日、御納戸普請役。文久二年（一八六二）八月二十七日、在職中病死した。享年六十五。墓は千種区平和公園、延命院墓地（碑文有）にある。生没年不詳。家禄は百石。

嘉永五年（一八五二）二月二十日、植松庄左衛門（茂岳）、茜部相嘉、児玉定一郎、野村八十郎の四人の学者が藩主慶勝の前で「古事記」を輪講した。ここに漢学者である児玉定一郎が加わっていることは注目をひく。しかし、この人は茂岳の門人でもあったので、とくに加えたのであろう。―略―。この輪講のあとで、茜部三十郎が藩主に対して、『大日本史』を企画した水戸義公（光圀）が、自分の師は尾張の伯父、即ち藩祖義直だと言われこの方にも著作のあること、従って和学中興の開基は藩祖であるが、今回自分たちが御前に召されて和学のことを申し上げるのは藩祖もご満足であろうと言って落涙して拝伏したが、藩主も深く感心されてそのことを言われたということを聞

いて、三十郎がもう死んでも良いといったことを伝えている。(『植松茂岳第二部』三三二頁)

［典拠・参考文献］『藩士名寄』、『藩士大全』、『瀬戸市史通史編上』、『日進町誌資料編三』、『長久手町史本文編』、『美濃市史通史編』、『小牧市史』、『名古屋市史人物編下巻』、『植松茂岳第二部』、『名古屋名家墓地録（全）』

【さ】

斎藤弥平　さいとう やへい　生年不詳～文化六年（一八〇九）

通称弥平、珍平。名は尚徳。父は太兵衛好方。母は斉藤利兵衛女。宝暦五年（一七五五）九月五日、吉田主水組御庭番足軽に出仕した。安永六年（一七七七）十月十二日、小納戸詰格になる。同十年正月二十九日、普請方見分役並、御歩行格に昇格する。御加増二石加扶持二人合せ切米十石三人扶持、雑用金三両下賜。天明三年（一七八三）八月五日、御代官、御加増米二石合せ十二石。同年九月四日、清洲代官に昇進した。同五年四月十二日、御国方吟味役並。同八年十二月十

五日、御国方吟味役本役、加増米八石加扶持一人、合わせ切米二十石扶持四人分。寛政元年（一七八九）四月二十九日、横須賀代官に転任する。文化二年（一八〇五）八月四日、鳴海代官に栄進した。横須賀代官廃止に付き、同代官の下役も鳴海代官へ配置換えになる。文化四年十月九日、長囲長囲炉裏番へ転任。数十年相勤に付き、白銀三枚給う。文化六年（一八〇九）十二月七日、長囲炉裏番在職中に病死した。享年七十五。生年は不詳。家禄は二十石四人扶持。妻は濃州土岐郡半原村の百姓源兵衛の女。子は横須賀、鵜多須、大代官、北方代官の斎藤弥五六である。

［典拠・参考文献］『藩士名寄』、『藩士大全』、『新修稲沢市史本文編上』、『東海市史通史編』、『知多市誌本文編』、『郷土文化第四巻第三号』、『日進町誌資料編三』、『豊明市史本文編』

斎藤弥五六　さいとう やごろく　生年不詳～天保三年（一八三二）

通称弥五六、鍬次郎。父は清洲、横須賀、鳴海代官の弥平。寛政元年（一七八九）十二月一日、初御目見、同九年七月二十一日、記録所懸り留書見習に出仕した。同十年七月一日、記録所懸り留書並。享和元年（一八〇一）三月五日、留書本役になる。同年六月一日、記録所調、出精相勤に付金一両給う。同三年正月、七ケ年出精相勤に付、金一両給う。文化三年（一八〇六）六月二日、記録所調方出精相勤に付、金三百疋、右調方格段の骨折りに付別段金二百疋給う。同五年正月二十七六日、勘定吟味役並。同八年正月十一日、勘定吟味役本役になる。同十年五月、杁作事法改正に付き出精相勤、締方行届に付き、白銀二枚給う。同年六月十九日、勘定吟味役頭取格。文化十四年（一八一七）正月、去々夏出水之節、堤通難所防方等、入水村々手当筋ニ付、廻村をも致し、骨折候に付き、白銀壱枚給う。同年二月四日、勘定吟味役頭取、杁方懸りこれまでとおり。文政二年（一八一九）三月二十六日、勘定吟味役頭取格横須賀代官に昇進した。同四年正月、願の通り是まで借地之内二百九十坪屋敷共に下置。同年同月二十四日、勘定吟味役頭取格鵜多須代官になる。

鵜多須代官先任の斎藤弥五六と後任の小池清右衛門の二人は、五十年余にわたった山論を解決している。それは尾張藩石河家領と旗本西高木家領の村が、明和五年（一七六八）の争いに端を発し、幾度かの中断や留山を経て、文政十二年（一八二九）まで五十年余にわたって争った山論があった。村同士の話し合いや領主同士の話し合いでも決着がつかず、しかも尾張藩領については、一般の給地に比べ、独立した支配権を有した石河家領であったこともあり、尾張藩が調停役になることによって解決した争論であった。実際に調停にあたったのは、この辺りの尾張藩領を管轄する鵜多須代官所で、争論が複雑化した文政三年（一八二〇）から斎藤弥五六と小池清右衛門の二代の代官が争論の調停に関わった。最終の調停は名古屋で行われ、評定所に提出した証文を年寄役が検文、双方の署名押印によって決着した。五十年余にわたった争論を解決に導いたのは、二人の鵜多須代官の公正な判断によるところが大きかった。（「新修名古屋市史第四巻」四〇八頁）

その後、文政七年十一月二十九日、大代官に栄進した。同九年十二月四日、知多郡乙川村地先新田開発の折出精に付き白銀二枚給う。同十二年二月四日、川並奉行兼北方代官になる。天保三年（一八三二）三月三日、濃州牧村と中村の水除に付き、笠松陣屋に掛合い解決に付き、白銀一枚給う。同年五月十日、作事奉行並になる。同年七月十四日、作事奉行並在職中に病死した。生年は不詳。家禄は三十九俵。妻は加藤九郎左衛門の女。

【典拠・参考文献】『藩士名寄』、『藩士大全』、『新修名古屋市史第四巻』、『東海市史通史編』、『知多市誌本文編』、『八開村史通史編』、『祖父江町史』、『北方御代官人名録』、『新編一宮市史資料編八』、『江南市史本文編』

酒井七左衛門　さかい しちざえもん　生年不詳〜文政二年（一八一九）

通称七左衛門、鍋次郎、定蔵。名は正照。父は酒井丹蔵。宝暦十三年（一七六三）三月二十四日、浪人より勘定方並手代に召抱えられる。明和元年（一七六四）七月八日、江戸元方手代本役になる。安永七年（一七七八）二月十七日、評定所定番兼帯。天明元年（一七八一）九月十八日、蔵奉行並。同年十月朔日、源明様に初御目見。同二年江戸御蔵へ相詰。同四年十二月二十五日、蔵奉行本役になる。同七年三月十二日、御国方吟味役。同八年正月、御代官御用見習。寛政二年（一七九〇）十月二十三日、庄内代官に昇進した。口米三十石、大代官欠役に相成大代官支配の村々並に江州（近江八幡）領分も庄内代官支配となる。寛政九年六月九日、地方吟味役兼帯。

酒井七左衛門の墓（慈眼寺）
岐阜県笠松町門間

大代官の御用向きも相勤のこと、口米十石加増。寛政十年十二月二十三日、北方代官所水難御用相勤に付、御羽織一、白銀二枚の賞与を受ける。庄内代官を九年勤め、寛政十一年（一七九九）八月二十三日、鳴海代官に栄進した。文化二年（一八〇五）八月四日、川並奉行兼北方代官になる。文化八年（一八一一）十二月十日、大番組与頭に転任する。文政二年（一八一九）八月二十一日、大番組在職中に病死した。墓は岐阜県笠松町門間の慈眼寺にあり、岐阜市柳津町丸野に酒井七左衛門を祀る畑繁太神宮（現畑繁神明神社）がある。生年は不詳。家禄は切米四十石。妻は和田茂七（渡邊半蔵同心二百石）の女。

尾張藩研究第一人者の林董一先生は、平成十七年の岐阜県郷土資料研究協議会の講演会で、川並奉行兼北方代官の酒井七左衛門を中心に講演を行った。その講演抄録には、次のように、記されている。「酒井は就任後、宝暦（一七五一～六四）治水工事の影響で、あらたな水害に苦しむ管地美濃柳津村（現岐阜市柳津町）等、松枝輪中の領民の愁訴を受けました。彼らの窮状をつぶさに見聞した酒井は、畑繁堤の築造を黙認しました。けれども、幕領や加納領等、周囲の障りの村から猛烈な反対にさらされました。ついに文化十年（一八一三）、そのときは大番組与頭に転任していたのですが、幕府の中央裁判所たる評定所の喚問を受ける、窮地に追い込まれたので

畑繋神明社（合祀）
岐阜市柳津町丸野

す。しかし幸いにも、幕府は法廷での陳述を容認し、かえって時宜をえた措置だ、と称賛の拍手さえ惜しみませんでした。この事件について、尾張藩のとった姿勢は、酒井には冷たく、厳しいものでした。彼を新規採用してくれた藩主宗睦《むねちか》はすでに世を去り、将軍家から養嗣として入った、十世斉朝の治世です。藩政府は幕府の出先機関のような実情。酒井にとり、冬の時代にあたっていました。酒井の晩年は不幸で、不遇でした。恩人の憂愁につつまれた日常を見聞した農民たち。酒井の死後、柳津の畑繋太神宮の祭神として合祀、門間の慈眼寺境内に墓所を築き、崇敬と供養のまことを、いつまでも捧げたのです」（岐阜県郷土研究協議会会報一〇二号五頁）

酒井七左衛門の子孫は、物領の鍋吉、孫の廣之進、曾孫の正寿（正太郎）と続き、明治を迎えている。曾孫の酒井正寿は、天保十年（一八三九）十月、父廣之進、母志うの長男に生まれる。明治三年（一八七〇）三月四日拝謁、父隠居につき、家禄五十俵を相続。同年六月、文武世話懸りにつき、兵職を免除されている。明治十年、第三大区十八小区下半田川村十五番屋敷居住となっている（「旧名古屋士族別簿」、「藩士名寄」）。

曾孫の酒井正寿は、家禄を奉還する条件に、東春日井郡下半田川村（現瀬戸市下半田川町）の官有林の払い下げを受けていることが、「瀬戸市史通史編下」に次のように記されている。

明治政府は、明治四年（一八七一）に境内を除いた社寺領の上地を命じ、その土地を府藩県の管轄下に置いた。これにより定光寺の境内にあった山林も上地された。政府は士族授産を進めるために、同七年家禄を政府に奉還することと引き換えに山林を払い下げる政策をとった。同年三月愛知県は、昨年（布達四二六）の通り家禄を奉還した士族に対して産業資金のために官林・官有地・公有地を払い下げるので、希望の場所があれば願書を差し出すように命じた。士族への払い下げは入札によって行われた。明治八年二月の入札に関する六人分の史料が下半田川地区に残っている。字宮前の三町五反の官有地は下半田川村に住んでいた士族酒井正寿が入札した。地価は三十五円であったが、入札価格は半額の十七円五十銭、これに立木（松・杉・雑木）二六五〇本の代金十九円五十銭を加えた三十七円であり、みだりに他人に譲渡しないことを愛知県に誓約して、払い下げを受けたのである。

瀬戸市下半田川町の町民会館前に「曙光礼賛《しょこうらいさん》の碑」が、昭和六十三年に建立されている。碑には、以前定光寺寺領であった下半田川村の山林を、維新後士族に払い下げることになり、下半田川村民が買受ける折衝に、尾張藩士族を代表して酒井正寿（正太郎）が交渉にあたっている。冨田幹夫氏は、地元地域誌（「やまびこ第二四号」）に「下半田川総有地と曙光礼賛の碑」と題した文を次のように記している。

江戸時代、下半田川村は定光寺領として飢饉においても、生活が保障されていました。明治維新後、山林は国有地になり、尾張藩士四三名へ払い下げられました。藩士は生活のために、土地を金に換えたい意向がありました。そこで、村の総力（約九十戸、代理人二十一人）をあげて、下半田川の山林すべてを藩士から一、九二二円十五銭三厘で買受けました。当時の一円は現在の約二〇、〇〇〇円に相当します。総額約四、〇〇〇万円のお金を工面するために村人のある者は嫁入り衣装を質入れし、またある者は布団や鍋・釜まで質入れをして冬には蚊帳にくるまって寝たという話が伝わっています。—略—。山林の一部は私有地として分配し、村の境界周辺は共有地としました。石油燃料が利用される近年まで、山は薪の供給地として生活を支えてきました。この共有地は、その後、掛川小学校の用地として利用されました。さらに先人たちがこの共有地に採石工場などを誘致したことによって、賃地収入が得られるようになりました。町民会館の用地買収や「ふれあいホール」の建設は、この賃地料や、共有地の公共事業への売却代で賄われました。このように町民は共有地の恩恵を授かっています。さらにこれが住民の共同意識を高め、町民の結束を強めています。現在この資産は下半田川自治会が管理をして法律的に総有地と呼んでいます。住民全員がこの総有地の所在を知り、次世代へ引継いで行けるように、毎年一月に総有地と私有地の境界確認を全戸、総出で行っています。かつ

「曙光礼賛の碑」
瀬戸市下半田川町　町民会館前

ては笹や下草などを肥料として利用していたので、利用者の場所の割り振りも行っていました。この行事を今でも「笹ひき」と呼んでいます。

『花川風土記』水野哲著に、山林買受記録文書（「明治十一年一月山林記録帳」）の抜粋や「曙光礼賛の碑」の碑文などが載っている。

［典拠・参考文献］『藩士名寄』、『藩士大全』、『名古屋士族別簿』、「尾張藩士酒井七左衛門小考」『郷土研究岐阜創立三十周年記念号』所収、『岐阜県郷土資料研究協議会会報第一〇一号・第一〇二号』、『岐阜県史通史編近世上』、『日進町誌資料編三』、『北方御代官人名簿』、『北方村史稿』、『新編一宮市史資料編八』、『瀬戸市史通史編下』、『花川風土記』、『やまびこ第二四号』

櫻木助右衛門　さくらぎ すけえもん　文政六年（一八二三）～没年不詳

通称助右衛門、助之丞、二郎兵衛。父は二郎兵衛。文政六年（一八二三）十月二十三日に生まれる。安政二年（一八五五）十二月三日、御目見より留書見習に出仕した。同五年正月十二日、留書並。同年六月十一日、亡父遺跡二百石を継ぐ。同六年三月十六日、留書本役。文久二年（一八六二）二月二十日、勘定吟味役になる。元治元年（一八六四）十月十五日、横須賀代官に昇進した。慶応元年（一八六五）七月十九日、町奉行所吟味役になる。同三年五月二十六日、大番組与頭。明治元年（一八六八）十二月五日、大番組司令官与。同二年九月二日、一等兵隊司令官。

同三年二月五日、一等兵隊。同年十一月十二日、兵制改革のため職務差免。同年同月十九日、雇会計懸り倉庫専務。没年は不詳。家禄は二百石。

［典拠・参考文献］『藩士名寄』、『藩士大全』、『旧名古屋士族別簿』、『東海市史通史編』、『知多市誌本文編』、『郷土文化第四巻第三号』

篠岡平右衛門　ささおか へいえもん　文政五年（一八二二）～没年不詳

通称平右衛門、斧八郎。父惣八郎。文政五年（一八二二）六月五日に生まれる。嘉永六年（一八五三）十二月二十九日、御目見より留書見習に出仕した。安政三年（一八五六）八月十八日、留書並。同六年正月十三日、留書本役になる。文久二年（一八六二）七月二十七日、右筆格留書。同三年八月十五日、小牧代官に昇進した。元治元年（一八六四）四月十四日、御納戸呉服方。慶応四年三月二十五日、亡父遺跡百五十石を継ぐ。明治元年（一八六八）十一月十四日、御維新に付き御目見席寄合になる。同三年二月五日、一等兵隊。同年五月四日、番兵四等小隊司令。同年十一月十七日、番兵廃止に付き職務差免。没年は不詳。家録は百五十石。妻はてつ。

［典拠・参考文献］『藩士名寄』、『藩士大全』、『旧名古屋士族別簿』、『小牧市史』、『江南市史本文編』

澤　園兵衛　重格　さわ そのべえ　生年不詳〜文化六年（一八〇九）

通称園兵衛、庄太夫、曾平。名は重格。父は庄太夫重陟。父庄太夫は、澤家四代園右衛門の婿養子で水野彦四郎の次男である。水野家は刈谷城主水野信元、徳川家康の母於大方《おだいのかた》につながる家柄である。澤家初代庄太夫は、尾張清洲城主松平忠吉（徳川家康四男）に仕え家禄は百五十石であった。慶長十二年（一六〇七）城主忠吉は病のため死去。夫人は井伊直政の娘だったが子供が無く、家康の九男義直が甲斐から入府し、尾張徳川家の始祖となった。忠吉の家臣の多くは義直に仕えた。澤家は代々尾張藩主に仕え、明治維新を迎えている。

初代庄太夫が関ケ原の戦いで勇戦した血塗りの鎧兜や刀剣五〜六十振り、古文書など昭和二十年（一九四五）二月の名古屋大空襲で家屋と共に焼失した。

園兵衛は、宝暦元年（一七五一）七月二十三日、家録百五十石を相続し、石河伊賀守組に属し砲術をもって出仕した。天明五年（一七八五）四月十二日、石河伊賀守組同心から清州代官に昇進した。

清洲代官在任中、尾張藩農政史上特筆すべき事業、「庄内川の分水工事（新川の開削）」に、現場指揮官として従事した。庄内川は、流域距離と面積が狭く、多くの支流が集中しており、大雨になると氾濫が起こり、流域の村々に大きな被害をもたらしていた。特に宝暦八年（一七五八）・明和四年（一七六七）・安永八年（一七七九）の氾濫によって、流域一帯の村々は空前の被害を被った。九代藩主宗睦は、被災領民の辛苦を思うあまり、直ちに抜本的な対策を講ずべく水野千之右衛門・人見弥右衛門から意見を聞き、千之右衛門を普請奉行に起用し、人見を参政として両名に庄内川の治水工事を担当せしめた。千之右衛門の治水策は、庄内川を分流し、比良村より榎津村に至る間に新水路（新川）を開発する一方、庄内川の上流・下流の要衝を加工することによって、出水を調節する計画である。これらの工事区域は清洲代官の支配地域が大部分であった。天明五年十二月に庄内川の分水工事が始まり、園兵衛は工事の陣頭指揮に明け暮れる毎日であった。翌六年七月九日、夫人（眞操院蓮室澄玄大姉）が、病死するなど私生活面でも大変な時であった。天明七年春、工事は完成した。この年五月の暴風雨、翌年六月の大雨に何ら被害は無かったことから、新川沿線の庄屋は歓喜し、園兵衛宛に感謝の礼状を送った。その書状は、清須市文化財に指定されている。

　園兵衛の嫡孫、澤家八代澤猶之丞重清は、水野千之右衛門の門弟で師匠水野の「尾張治水論」をまとめた『琨山先生治水伝』（「名古屋市叢書第十一巻）を著している。猶之丞は、勘定吟味役、書院番奥詰、長囲炉裏御番、熱田奉行改役、などの要職を歴任し、本居宣長の重鎮である桑名の富《と》樫《がし》廣《ひろ》陰《かげ》の弟子でもあり、国学、詩歌に優れ多くの書を著している。

　清須代官支配地のうち、日光川と三宅川に挟まれた地域は、低湿地で排水が悪く雨の度に、水害に悩まされていた。とくに中島郡須ケ谷村（現稲沢市平和町須ケ谷）は、雨が降ると海のようになることから「青海」という地名が今も残っている。この地域は米の収穫が少なく、農民の生

塩江神社
稲沢市中野宮町

活は貧窮を極め、ひえや粟が主食で、「須ケ谷村には嫁にやるな」と言われた難渋地域であった。農民は代官所に河川の改修を願い出たが、尾張藩は庄内川の開削工事に莫大な金を費やしており、この地域の工事まで費用が回らなかったのが実情であった。園兵衛は、管内の実状を詳しく視察し、年貢を納めるのは困難と分かり、藩庁に年貢の軽減と工事費用について話をつけ、寛政二年（一七九〇）須ケ谷川の工事に着手した。須ケ谷川から新たな川を掘って日光川に流し、三宅川を掘り広げ排水をよくする難工事に明け暮れる毎日であった。河川の上流と下流の利害関係が生じると他の代官との支配地域の入込んだ関係を調整し、苦労を重ね工事の遂行に当たった。中島郡中野村をはじめ八ケ村の農民は、寛政五年（一七九三）十一月、中野村の塩江神社（現稲沢市中野宮町）の境内に園兵衛とその下役六名を祭神とする「澤園社」建立している。寛政五年工事は完了しておらず、澤代官以下工事従事者の安全と治水工事の早期完成を願って、建立されたものと思われる。

名古屋城の極秘文書である『金城温古録』「御屋形の矢来」の部に、園兵衛のことが次のように記されている。

名古屋城の志水御門より東御門迄、北東部御土居の上に押廻して矢来（竹や丸太を縦横に粗く組んだ囲い）がある。三の丸御土居の内に、矢来のある所はこの所だけである。文政五年（一八二二）頃、城代小笠原三九郎殿がこの矢来を改築するに御屋形の溝周の分が四五尺足らず、一番低い所は二尺に過ぎず、大部分は朽ちていた。三九郎殿が以前・御用人の時、清須代官澤園兵衛が申すに「今の御屋形の溝廻り矢来は高かったが、いつの間にか切り下げられている。この場所は丑寅の方向にて甚だ大事な場所である。小笠原様が御城代に成られた際は御修復願います。と申したことがあった。代官でありながら、軍学の心得もあり我職ならぬ武備怠り無きこと、感ずるに余りある。～略～　園兵衛は寛政の異国船襲来の御防定の際、御選人の一人でもあった。（『金城温古録（四）』二〇六頁）

澤園社
塩江神社境内（稲沢市中野宮町）

須ケ谷川工事完了の目途がついた、寛政十年（一七九八）八月、鳴海代官に転任した。翌年の寛政十一年五月、鳴海代官を辞任した。五カ月後の同年十月、普請奉行に栄進した『普請奉行歴代記』、『国秘録役寄帳書抜』。

天明の農政改革である、熱田前新田（現名古屋市中川区・港区）の開発は、熱田奉行津金文左衛門胤臣の発議によって計画され、開発には藩御用商人から一万両の調達資金によって行われた。寛政十二年（一八〇〇）七月八日、古新田中川上において地鎮祭が執り行われた。参列者は、勘定奉行丹羽又左衛門、熱田奉行津金文左衛門、普請奉行澤園兵衛、普請奉行宇野米左衛門、大代官真鍋茂太夫、御定所勘定役箕浦与右衛門ら十一人であった。普請初日は、土砂運搬船が数千艘も集まり、壮観であったという。普請中は知多方面より集めた黒鍬衆数千人が集まり、艜船、鵜飼船など尾張国中から集めた船が数千艘で、大宝新田外の葭野より才土を切り出し開発地に搬送した。熱田前新田の開発には、休日なし雨天決行の突貫工事で、着工から半年後の享和元年（一八〇一）一月に完成した。その面積は名古屋市南部の新田開発では最大規模の三四九町歩の新田である。完成の年十二月二十日、総元締めの津金文左衛門は、工事費の超過から責任をとり切腹するという事件が発生した。表面は病死ということになっている。

熱田前新田の検地や配分などの見通しが立った、文化二年（一八〇五）六月、普請奉行を辞任した。四年後の同六年十月五日に亡くなった。澤家菩提寺阿弥陀寺（名古屋市中区）の過去帳に、「重格院如庸道安居士　文化六年十月五日　澤園兵衛」と記されている。

毎年豊かな米作が得られるようになった須ケ谷村（現稲沢市平和町須ケ谷）をはじめ十七ケ村の農民は、澤代官への感謝とその徳を後世に伝えるため、二十回忌の文政十一年（一八二八）十月、難工事の中心であった須ケ谷村の「林香庵」に『澤君遺愛碑』を建立した。撰文は藩校明倫堂教授の秦鼎である。碑文には、澤清洲代官によって儀長村をはじめ十七カ村が水害より救われ、なかでも低湿地の須ケ谷の六ケ村も救われたことが刻まれている。園兵衛の命日十月五日に澤君遺愛碑前で園兵衛に感謝する「澤祭り」が毎年行われてきた。その後、林香庵は廃寺になり昭和十五年頃、頌徳碑は須ケ谷八幡神社境内に移転した。

「須ケ谷村の皆さんは、毎年収穫した新米を大八車に載せ一日がかりで、名古屋城下の私の自宅に「澤さまにお供えして頂きたい」と名古屋空襲が始まる昭和十八年頃まで届けて頂きました。その後、昭和三十二年（一九五七）年秋に須ケ谷の区長さんや役員の方が、私の自宅を捜し当て「戦争で一時中断していた澤祭りを復活したい。二年後の昭和三十四年が澤さまの百五十年忌ですので盛大に行いたい」と申し出がありました。昭和三十四年十月、伊勢湾台風で甚大な被害を被っている須ケ地区の人達は、「澤代官百五十年祭」を行って頂きました（澤家十三代澤国生氏談）。

澤君遺愛碑
稲沢市平和町須ケ谷　八幡神社境内

　その後、毎年十月に澤祭りが行われており、平成二十一年（二〇〇九）十月十八日には、澤君遺愛碑前で、地元住民による『澤代官二百年祭』が盛大に行われた。以後、毎年十月に「澤祭り」が続けられており、地域住民と澤家十三代当主澤国生氏・十四代当主澤政樹氏をはじめ子孫との血の通った関係が、続けられている。生年は不詳。

没年は文化六年（一八〇九）十月五日。家禄は百五十石。澤園兵衛を祭神とする「澤園社」が、愛知県稲沢市中野宮町の塩江神社境内に現存している。

澤家の子孫は明治維新後、四代にわたって歯科医師である。しかも四人とも東京歯科大学（東京歯科医専）の出身である。

澤家十一代猶太郎氏は、明治元年四月に生まれる。大阪に出て苦学し、明治十九年（一八八六）歯科医師国家試験に合格。後に東京歯科大学の前身「高山歯科医学院」を卒業。名古屋伊勢町で歯科医院を開業し、多くの門下生を出している。十二代重孝氏は、大正六年（一九一七）、東京歯科医専を卒業、名古屋で父の歯科医院を手伝い、父とともに多くの門下生を出している。澤家十三代澤國生氏は、昭和三十四年、東京歯科大学を卒業。名古屋市中区で「澤歯科」を開業。先祖の清州代官「澤園兵衛重格」の事績発掘に努められている。十四代政樹氏は、平成元年（一九八七）、東京歯科大学を卒業、父の「澤歯科」で診療を手伝い、現在、「診療所澤歯科」（名古屋市中区丸の内第51KTビル）を開業している。長女知里さん（歯科医師）は、夫の柴田敬介氏（歯科医師）とともに尾張旭市で「しばた」歯科を開院。次女の味歩さんは眼科医師の医師一家である。

【典拠・参考文献】『国秘録役寄帳書抜』、『御普請奉行歴代記』、『士林泝洄』、『澤家覚書』、『金城温古録（四）』、『琨山先生治水伝』（「名古屋叢書第十一巻」所収）、『塩江神社資料』、『新修稲沢市史本文編上』、『清洲町史』、『尾張藩公法史の研究』、『平和町誌』、『清洲代官澤園兵衛重格二百年祭』、『清洲代官澤園兵衛重格』、『新川町誌』、『新川町史通史編』、『春日村史』、『私達の郷土』、『日進町誌資料編三』、『豊明市史資料編二』、『熱田風土記巻四人物編』、『郷土文化第七巻第四号』、『港区の歴史』、『郷土を救った人々―義人を祀る神社―』

【し】

下方弥七郎　しもかた やひちろう　天保二年（一八三一）～没年不詳

通称弥七郎。養父は左十郎。天保二年（一八三一）四月九日に生まれる。安政元年（一八五四）十二月二十六日、御目見より亡父遺跡百五十石を継ぎ、馬廻組に出仕した。同三年正月十四日、大番組。文久二年（一八六二）三月十四日、勘定所吟味役地方になる。同年八月二十七日、同公事方。元治元年（一八六四）七月二十日、清須代官に昇進した。慶応元年（一八六五）八月二十三日、鵜多須代官に転任する。同四年五月十四日、御納戸格普請役。明治元年（一八六八）十一月十四日、維新に付き御目見席寄合。同年同月二十五日、木曾材木奉行、信州取締所詰。同

二年十一月二十五日、材木監与に改正、信州伊那県に出仕。明治四年八月七日、士族触頭、仮戸長兼任。同年同月十五日、願に依り職務差免。没年は不詳。家禄は百五十石。

［典拠・参考文献］『藩士名寄』、『藩士大全』、『旧名古屋士族別簿』、『新修稲沢市史通史編上』、『清州町史』、『八開村史通史編』、『祖父江町史』、『新編一宮市史資料編八』

白井逸蔵　しらい いつぞう（文政九年（一八二六）～明治十年（一八七七））

通称逸蔵、新之丞、鯉三郎、逸次郎。実父間瀬権右衛門の次男。文政九年（一八二六）十一月二十六に生まれる。養父は勘定奉行・岐阜奉行の新次郎である。天保十五年（一八四四）十月二十一日、御目見より藩の記録作成に関わる留書見習に出仕した。弘化三年（一八四六）十一月四日、留書並。嘉永五年（一八五二）二月二十九日、留書本役になる。安政二年（一八五五）九月十八日、養父遺跡切米九十九俵を継ぐ。安政四年六月十七日、地方吟味役。同六年八月十二日、勘定吟味役になる。同年十二月十八日、清須代官に昇進した。文久元年（一八六一）四月十八日、鵜多須代官に転任する。同三年十二月十日、留書頭並。慶応二年（一八六六）十月三十日、寿操院様御用役。同三年十二月二十五日、勘定吟味役頭取になる。慶応四年六月十九日、岐阜奉行格信州取締役所総裁、同日勘定奉行地方懸りに栄進した。同年八月七日、新政府から信州伊那県判事に任命された。明治三年六月、民政懸り権判事。同年十月八日、名古屋藩少参事。同年十月十

九日、少参事農政懸り。同年十一月三十日、少参事会計懸り。慶応四年七月十九日、少参事学校懸り。同年十二月五日、任廣島県権参事へ転任した。家禄は切米九十九俵。永世録十七石五斗。明治十年（一八七七）六月二十七日、東京で病死した。享年五十。

［典拠・参考文献］『藩士名寄』、『藩士大全』、『新修稲沢市史通史編上』、『八開村史通史編』、『飯島町誌下巻』、『信濃43巻第2号』、『旧名古屋士族別簿』、〔尾張藩信州取締役所と総裁白井逸蔵　掘著〕『瀬戸・尾張旭郷土史研会報第三十八号』所収

進　四郎左衛門　しん　しろうさえもん　生没年不詳

通称四郎左衛門。名は仲矩。養父は一学。明和八年（一七七一）七月二十七日、御目見より養父知行三百石のうち百七十五石を継ぎ、馬廻組に出仕した。安永八年（一七七九）九月十二日、五十人目付になる。天明二年（一七八二）七月二十七日、勘定奉行見習。同三年八月五日、横須賀代官に昇進した。寛政元年（一七八九）三月九日、木曾材木奉行。同六年六月九日、勘定奉行勝手方に栄進した。同七年二月三日、役高四百石、役料米百俵。同十年五月二十七日、役高五百石、役料米百俵。同十一年正月十一日、加増知行百石。同年七月二十三日、地方懸り、公事方兼帯。享和三年（一八〇三）正月二十四日、掃部守様御付になる。同年九月四日、書院番頭となる。文化元年（一八〇四）十二月九日、泰之助様御家老になる。同三年五月二十六日、高須郡代兼帯

となる。文化十三年二月六日、書院番頭格旗奉行。文政五年（一八二二）十二月四日、願に依り隠居。生没年は不詳。家禄は二百七十五石。

［典拠・参考文献］『藩士名寄』、『藩士大全』、『東海市史通史編』、『知多市誌本文編』、『郷土文化第四巻第三号』

神野順蔵　じんの じゅんぞう　生年不詳～嘉永六年（一八五三）

通称順蔵、十蔵、半十郎、左衛門、半洲。名は世猷。養父は貞右衛門。寛政九年（一七九七）十月二十三日、知行百五十石を継ぎ、馬廻組に出仕した。同十年七月十六日、大番組に転任する。文化十年（一八一三）八月四日、御細工頭。同十四年五月十九日、勘定吟味役になる。文政元年（一八一八）五月十日、水野代官兼林奉行に昇進した。同五年二月十八日、小納戸広敷懸り。同六年二月十七日、表錠口番兼帯。同年四月三日、賄頭兼台所頭になる。文政十二年五月十二日、小納戸頭取格広敷懸り。天保三年（一八三二）三月二十六日、勘定奉行並公事方。同五年正月十四日、勘定奉行本役に栄進した。同七年二月晦日、勘定奉行地方兼公事方。同十年十二月十八日、病気に付公事方兼帯を解かれる。弘化三年（一八四六）三月三十日、願い通り隠居。嘉永六年（一八五三）十二月二十二日没、享年八十二。石仏村善昌寺に葬る。家禄は百五十石。

［典拠・参考文献］『藩士名寄』、『藩士大全』、『名古屋市史人物編下』、『名古屋市史　学芸編』、『瀬戸市史

通史編上』、『瀬戸市史資料編四近世』、『近世の瀬戸』、『日進町誌資料編三』、『長久手町史本文編』

【す】

須賀井重太郎　すがい じゅうたろう　生年不詳～文久二年（一八六二）

通称重太郎、安三郎、重五郎。父は官一郎。文政十一年（一八二八）八月十九日、御目見より表錠口番並に出仕した。同十二年八月三十日、書院番格になる。天保二年（一八三一）九月十日、大番組に転任する。同八年九月四日、雑学心院様御侍になる。同十年八月二十七日、亡父遺跡百石を継ぐ。同十一年四月、雑学心院様御侍目付。同十三年九月十九日、勘定吟味役になる。嘉永元年（一八四八）六月二十四日、水野代官兼林奉行に昇進した。同四年四月十六日、上有知代官に転任する。同六年十二月二十一日、太田代官。安政五年（一八五八）十二月二十九日、佐屋代官。同六年十二月十八日、鳴海代官に栄進した。文久元年（一八六一）四月十八日、大阪御用達役兼勘定吟味役頭取御勝手方。同二年七月四日、在職中に病死した。生年は不詳。家禄は百石。

子の兵一郎は小牧代官である。

【典拠・参考文献】『藩士名寄』、『藩士大全』、『瀬戸市史通史編上』、『長久手町史本文編』、『日進町誌資料編三』、『美濃市史通史編』、『美濃加茂市史通史編』、『佐屋町史史料編一』、『佐屋町史通史編』、『豊明市史本文編』

須賀井兵一郎　すがい　へいいちろう　生没年不詳

通称兵一郎、勝之進。父は水野、上有知、太田、佐屋、鳴海代官の重太郎。安政六年（一八五九）七月十二日、御目見より留書見習に出仕した。文久元年（一八六一）五月十八日、留書並。同二年八月二十六日、亡父遺跡百石を継ぐ。同三年四月二十四日、留書本役になる。元治元年（一八六四）八月十二日、勘定吟味役公事方となる。慶応二年（一八六六）三月二十二日、小牧代官に昇進した。

慶応四年四月下旬から五月初旬の長雨で、管内の大貯水池入鹿池《いるかいけ》が、各所で地盤が緩み漏水の危険が発生した。兵一郎は、村民を指揮し、池の百間堤防に土俵を築き溢水を防ぐ工事を行っていたが長雨で満水になり、十四日早朝、提防が一挙に決壊した。被害は名古屋の北を流れる庄内川以北の六十二カ村が泥土で埋め尽くされ、死傷者は二千四百名、一万余戸が被災、八千余町歩が埋没する大災害が発生した。尾張藩は直ちに食糧五カ月分を被災地に支給、五万両の対策費を講じた。

（『幕末尾張藩の思慮遠慮』九十頁）

一方次の資料を紹介する。

戊辰五月、長雨の北越榎峠は激戦の最中である。十四日午前三時、尾張国丹羽郡の入鹿池が決壊する。池は高所にあり、下流の死者九百四十一人、流失八百戸、浸水家屋千七百戸を数え、被害は四郡百三十三村に及んだ。入鹿池は藩主義直の寛永十年（一六三三）に藩直営で出来る。尾張藩独特の水支配政治の象徴である。最後の修理は文化二年（一八〇五）であるが、その後、堤杁代替えが計画されても藩には金が無かった。決壊は藩力の低下を示す人災である。しかも救済は不十分で、尾張藩は諸街道の兵馬通行を優先した。下の願いには答えず上の顔色を気にした。

（『尾張藩の維新』七十頁）

慶応四年七月十三日、小牧代官を御役御免、馬廻組に転任する。同年九月十二日、維新に付き馬廻組は廃止され、御目見席寄合になる。明治二年九月二日、一等兵隊。同三年十一月十二日、兵制改正に付職務差免。同年十二月五日、願に依り隠居。生没年は不詳。家禄は百石。

「入鹿池」は、平成一七年（二〇一五）に世界かんがい施設遺産に登録された愛知県犬山市にある、国内第二位の総貯水量（一五一八万立方メートル）を誇るため池である。江戸初期に尾張藩直営で作成された。

天皇、皇后両陛下は私的旅行で、「入鹿池」を平成二八年（二〇一六）十一月十六日に見学された。

〔典拠・参考文献〕『藩士名寄』、『藩士大全』、『入鹿池史』、『岩倉市史』、『小牧市史』、『江南市史本文編』、『幕末尾張藩の思慮遠慮』、『尾張藩の維新』

杉浦七左衛門　すぎうら しちざえもん　生没年不詳

通称七左衛門、萬三郎、為吉。父は萬阿弥。文政十年（一八二七）三月二十日、徒組並に出仕した。同十二年十一月二十八日、徒組本役。天保三年（一八三二）五月二十一日、徒目付となる。同四年三月九日、亡父遺跡二十七石を継ぐ。同十五年正月十九日、徒目付組頭に進み、嘉永三年（一八五〇）十一月四日、勘定吟味役兼勝手方になる。同五年十一月二十二日、勘定吟味役兼任を解かれる。同六年二月十四日、徒目付組頭兼杁奉行。同七年九月二十七日、勘定吟味役になる。安政二年（一八五五）八月十六日、勝手方吟味役。同五年十二月二十九日、水野代官兼林奉行に昇進した。元治元年（一八六四）七月十七日、小牧代官に転任する。同年十月十五日、鳴海代官栄進した。慶応元年（一八六五）七月十九日、木曾材木奉行格金奉行になる。同三年五月二十九日、普請役。明治二年（一八六九）十月二十五日、出納方従事与。同三年二月十五日、願通り隠居。生没年は不詳。家禄は二十七石四人扶持。

〔典拠・参考文献〕『藩士名寄』、『藩士大全』、『瀬戸市史通史編上』、『近世の瀬戸』、『長久手町史本文編』、『小牧市史』、『江南市史本文編』、『日進町誌資料編三』、『豊明市史資料編一』

杉山三郎兵衛　すぎやま さぶろべえ　生没年不詳

通称三郎兵衛、源太郎。父源六郎の惣領。天保三年（一八三二）二月八日、御目見より、家督百五十石を継ぎ、馬廻組に出仕した。同四年十月二十日、大番組。同九年正月十二日、勘定吟味役勝手方。天保十四年（一八四三）九月四日、清須代官に昇進した。嘉永元年（一八四八）四月四日、勘定吟味役頭取勝手方。安政二年（一八五五）七月五日、大代官に栄進した。同三年十一月二十五日、町方吟味役。同四年五月二十四日、地方吟味役。同六年十二月十八日、勘定吟味役頭取になる。文久三年（一八六三）十月十四日、大代官に復帰する。元治元年（一八六四）四月十四日、御使番格大坂御用達。同年同月二十四日、勘定吟味役頭取兼勝手方。慶応元年（一八六五）六月一日、錦織奉行格兼大坂御用達兼勘定吟味役頭取御勝手方になる。同二年九月二十七日、普請奉行格川並奉行兼北方代官兼帯円城寺奉行。明治二年（一八六九）二月二十四日、書院番組頭となる。同年十二月二十五日、願に依り隠居、隠居料扶持三人分。生没年は不詳。家禄は百五十石。国学者の植松茂岳と親しく、杉山は『名区小景』初編の作者である。安政四年（一八五七）十月、植松茂岳が明倫堂教授次座に昇進の祝いに、自宅を訪れた門人等の記録『安政四年転役に付祝儀来人名録』百四人の中から、当時の代官関係者を拾ってみる。十月二十二日　鰤弐巻、千代鶴弐升、茜部伊藤五（清須代官）。同月二十三日、白鳳壱升　児玉定一郎（御納戸・前職小牧代官）。同月同日、堅魚ふし五、吉田助次郎（鳴海代官）。同月二十八日、千代鶴弐升、松平竹

蔵（小牧代官）。同月同日、千代鶴弐升、深澤新平（川並奉行兼北方代官）。十一月一日、酒弐升、海老三ツ、杉山三郎兵衛（地方吟味役）『植松茂岳二部』四四〇〜四四二頁。

【典拠・参考文献】『藩士名寄』、『藩士大全』、『新修稲沢市史通史編上』、『清洲町史』、『新川町史通史編』、『平和町誌』、『植松茂岳第二部』

鈴木仙蔵　すずき せんぞう　寛延二年（一七四九）〜文政六年（一八二三）

通称仙蔵、正平。名は和左年《わさね》、真実《わさね》。父は同名仙蔵。安永六年（一七七七）四月十一日、御国方物書並より物書になる。同八年十二月十八日、父の跡を継いで御国方手代となる。天明四年（一七八四）二月晦日、掃部守様御歩行。寛政八年（一七九六）十一月二十六日、地方吟味役並。同十一年正月十一日、地方吟味役になる。享和三年（一八〇三）四月二十四日、清須代官に昇進した。文化九年（一八一二）二月十四日、上有知代官に転任する。同年十月二十九日、勘定吟味役頭取になる。同年十一月九日、杁方懸り。同十四年二月四日、大代官格になる。同年十二月四日、長囲炉裏番。文政二年（一八一九）二月二十三日、在職中に病死。享年七十一。墓は光明院（曹洞宗）中村区名駅五―七―九にある。家禄は二十石四人扶持。仙蔵は本居宣長の門人で、横井千秋（書院番頭、用人、国学者）が、本居宣長の『古事記伝』を出版する際、鈴木仙蔵は同門の植松有信と共に尽力している。

［典拠・参考文献］『藩士名寄』『藩士大全』、『新修稲沢市史通史編上』、『清州町史』、『平和町誌』、『新川町史通史編』、『美濃市史通史編』、『植松茂岳第二部』、『名古屋名家墓地録（全）』

鈴木彦助　すずき ひこすけ　生年不詳〜安政六年（一八五九）

通称彦助、三郎右衛門、正作。寛政五年（一七九三）十一月十三日、石河伊賀守騎馬組に出仕した。同六年五月二十三日、初御目見。同十年十月十七日、徒目付並。享和元年（一八〇一）八月十八日、徒目付になる。同二年八月十六日、徒目付組頭になる。文化七年（一八一〇）三月二十四日、勘定吟味役。同十一年二月七日、水野代官兼林奉行に昇進した。文政元年（一八一八）五月十日、清州代官に転任する。同二年十一月十九日、上有知代官。同八年四月二十二日、川並奉行兼北方代官になる。同十一年三月十九日、金奉行。天保十三年（一八四二）九月三十日、添番格地回り。弘化四年（一八四七）九月二十五日、普請役。安政二年（一八五五）二月十六日、寄合。同六年十二月二十四日、在職中に病死。生年は不詳。家禄は切米十石三人扶持。

［典拠・参考文献］『藩士名寄』、『藩士大全』、『瀬戸市史通史編上』『近世の瀬戸』、『長久手町史本文編』、『日進町誌資料編三』、『新修稲沢市史通史編上』、『清須町史』、『美濃市史通史編』、『新編一宮市史資料編八』、『北方御代官人名録』

住山新八　すみやま しんはち　生没年不詳

通称新八、治兵衛、徳三郎。祖父新八郎の嫡孫。嘉永元年（一八四八）三月二十七日、新八郎の遺跡百俵を継ぎ、馬廻組に出仕した。同二年三月十八日、留書見習。同四年四月十六日、留書並。安政四年（一八五七）九月十四日、留書本役になる。同五年十月六日、寺社吟味役。同六年十月六日、地方勘定吟味役になる。文久元年（一八六一）四月十八日、清須代官に昇進した。元治元年（一八六四）七月十七日、鵜多須代官に転任する。同二年二月二十二日、大代官に栄進する。慶応四年（一八六八）五月十四日、納戸格普請役。明治元年（一八六八）十一月十四日、御目見席寄合。同二年正月六日、勘定吟味役頭取、木曽地取締所補助。同年四月二十七日、徴士。同年九月二十日、再度清須代官になる。同年十一月二十五日、清州邑宰。明治三年年十月二十三日、任権少属、会計懸り材木専務与。同四年八月二十八日、任少属、海西出張所懸り。生没年は不詳。家禄は百俵。

〔典拠・参考文献〕『藩士名寄』、『藩士大全』、『新修稲沢市史通史編上』、『新川町史通史編』、『清州町史』、『八開村史通史編』、『祖父江町史』、『新編一宮市史資料編八』

【そ】

園田荘次郎　そのだ そうじろう　生年不詳～天保八年（一八三七）

通称荘次郎、惣左衛門、庄一郎、泰助。実父岩本堅右衛門の三男。養父は惣右衛門。文化二年（一八〇五）九月二十九日、御目見より亡父遺跡三十俵を継ぎ、小普請組に出仕した。同四年十二月二十一日、徒目付並。同七年十月十一日、徒目付本役になる。文化十四年十一月三日、徒目付組頭。文政四年（一八二一）二月二十九日、勘定吟味役になる。同八年三月十八日、勘定吟味役頭取に進む。文政十二年（一八二九）十月、濃州石津郡市の瀬村と同郡下多良村との山論を解決し、白銀一枚与えられた。天保二年（一八三一）七月、矢田川出水し辻村破堤の節、数日骨折り候付、白銀二枚与えられた。同三年八月十日、川並奉行兼北方代官に栄進した。天保八年（一八三七）三月十二日、留書頭並に進み「江戸表江用意出来次第、相詰候用」。同年十二月十二日、江戸在職中に病死した。生年は不詳。家禄は三十俵。

［典拠・参考文献］『藩士名寄』、『藩士大全』、『北方御代官人名録』、『新編一宮市史資料編八』、『江南市史本文編』

高田意六　たかだ いろく　生没年不詳

通称意六、茂太郎。父は意六。天保十五年（一八四四）八月五日、勘定奉行添物書より同物書に召抱えられた。嘉永元年（一八四八）七月十二日、支配勘定地方懸り。同四年八月八日、小普請組世話役。同五年九月十九日、亡父遺跡切米三十俵を継ぎ、馬廻組に転任する。安政六年（一八五九）五月十六日、小普請組世話取扱。文久二年（一八六二）六月二十六日、小普請組与頭並。同年十一月二十日、世録五十俵高に加増される。元治元年（一八六四）七月二十日、太田代官に昇進した。慶応元年（一八六五）五月十六日、御納戸並金方。同年七月十九日、地方勘定吟味役になる。同三年三月二十八日、御納戸格普請役。明治元年（一八六八）十一月十四日、御目見席寄合。同二年二月二十四日、清州代官になる。同年八月十四日、御納戸。同年十二月二十五日、出納方従事与。同三年十二月十四日、士族触頭世話役。同四年六月二十九日、士族触頭書記。生没年は不詳。家禄は五十俵。

〔典拠・参考文献〕『藩士名寄』、『藩士大全』、『美濃加茂市史通史編』、『川辺町史通史編』、『新修稲沢市史通史編上』、『新川町史通史編』、『清須町史』、『平和町誌』

高野又太郎　たかの　またたろう　生年不詳～嘉永三年（一八五〇）

通称又太郎。父孫兵衛の惣領。天明三年（一七八三）八月二十五日、新規御目見。寛政七年（一七九五）十月十九日、御目見より留書見習に出仕した。同十年六月十二日、留書並。同十二年二月二十三日、惣帳懸り。同年七月二十七日、留書本役となる。文化二年（一八〇五）正月、七ケ年出精相勤に付き、金一両給う。同二年八月二日、徒目付組頭になる。同四年正月四日、御歩行組与頭。同九年六月七日、小普請組与頭並。同十年十一月九日、熱田方改役になる。文化十二年六月六日、船手改役。文政二年（一八一九）十二月十四日、町奉行所吟味役格船手改役。同四年十二月四日、父隠居につき家督百五十石を継ぐ。文政八年四月二十二日、小牧代官に昇進した。同年六月二十七日、町奉行所吟味役格船手改役。同九年十二月二十七日、長囲炉裏番。嘉永三年（一八五〇）五月二十九日、長囲炉裏番在職中に病死した。生年は不詳。家禄は百五十石。

［典拠・参考文献］『藩士名寄』、『藩士大全』、『小牧市史』、『江南市史本文編』

竹居藤五郎　たけい　とうごろう　生年不詳～弘化四年（一八四七）

通称藤五郎、藤助、左馬吉。父弥五八の惣領。文化十年（一八一三）六月九日、御目見より留書見習に出仕した。同十二年八月二日、留書並。同十三年八月四日、亡父遺跡切米三十七俵を継ぐ。文政元年（一八一八）六月十二日、留書本役になる。同六年四月十四日、勘定吟味役。同十年十一月十一日、杁方懸り。同十一年正月十九日、奥詰並。同年三月十二日、勘定吟味役になる。文政十二年六月二十六日、小牧代官に昇進した。天保四年（一八三三）三月十日、御納戸。同五年七月十八日、伏見屋敷奉行になる。同十一年十一月二十六日、在京御用達役。弘化三年（一八四六）八月十日、川並奉行兼北方代官になる。同四年三月十日、金奉行格明倫堂主事。同年十月十日、長囲炉裏番。同年十二月四日、長囲炉裏番在職中に病死。生年は不詳。家禄は五十俵。

小牧代官在任中の文政十二年、「御免相（年貢率）下がらず」ということから百姓三千人が出願し、「御郭内不浄悪口出ほうだい」になり、「御憎しみ多く村々頭取候者牢舎仰付」となった。牢で病死する者、十三人におよび「寺社、御歴々」を介して詫びを入れ、翌年三月に放免になった。このような犠牲に加えて「御免相に御用赦なく取り立て相成」、村側にとっては、惨憺たる衝撃的事件が記されている『新修稲沢市史資料編十二』一六二頁。

【典拠・参考文献】『藩士名寄』、『藩士大全』、『新修稲沢市史通史編上』、『新修稲沢市史資料編十二』、『北方御代官人名録』、『江南市史本文編』

谷川和七　たにかわ わしち　生没年不詳

通称和七。父は不詳。天明三年（一七八三）八月五日、濃州郡奉行から代官見習になる。同三年九月、上有知代官に昇進した。同五年四月十二日、新番組に転任した。その後の人事記録は不詳。生没年は不詳。家禄は不詳。

［典拠・参考文献］『国秘録役寄帳書抜』、『美濃市史通史編』

【ち】

千村三四郎　ちむら さんしろう　生没年不詳

通称三四郎。父平作の惣領。天保三年（一八三二）十一月四日、御目見より留書見習に出仕した。同六年正月二十日、留書並。同九年四月二十日、留書本役となる。同十二年三月二日、勘定吟味役になる。弘化三年（一八四六）十月十日、鵜多須代官に昇進した。同四年九月十六日、亡父遺跡百石を継ぐ。嘉永五年（一八五二）二月六日、勘定吟味役頭取。安政二年（一八五五）八月十六日、改革に付き地方吟味役になる。同三年十一月二十五日、大代官兼地方吟味役となる。同六年十二月十八日、勘定吟味役頭取になる。文久元年（一八六一）四月十八日、御納戸腰物方。

同二年八月十六日、大坂御用達役兼勘定吟味役頭取勝手方。同年十月二十四日、願通り寄合になる。同年十二月十日、勘定吟味役頭取地方懸り。同三年七月一日、白鳥材木奉行。同四年正月二十八日、小納戸広敷掛。元治二年（一八六四）二月十二日、留書頭並になる。慶応元年（一八六五）五月九日、作事奉行格鵜多須代官になる。同年七月十九日、普請奉行格普請役。同三年五月二十九日、勝手方に切替。慶応四年四月四日、勘定吟味役頭取兼普請奉行になる。同四年五月十四日、普請奉行並になり、杁奉行も相勤。明治二年（一八六九）十二月三日、普請奉行廃止。同年同月晦日、東方部宰大従事。同三年四月二十日、願通り隠居。生没年は不詳。家禄は百石。

〔典拠・参考文献〕『藩士名寄』、『藩士大全』、『八開村史通史編』、『祖父江町史』

【つ】

津金理兵衛　つがねりへえ　生年不詳〜安政三年（一八五六）

通称理兵衛、辰三郎。父は十左衛門。文化八年（一八一一）九月五日、御目見より家督百五十石を継ぎ、馬廻組に出仕した。同八年十二月三日、寄合組。同九年正月十三日、家芸父の通り門弟多数師範に付き、願通り年々金五両給う。文政十二年（一八二九）八月晦日、勘定吟味役になる。天保六年（一八三五）九月十日、水野代官兼林奉行に昇進した。同八年四月十四日、御納戸金方。同年八月十三日、御納戸御腰物方。同十二年十二月九日、築地屋敷奉行。同十五年十月十七日、伏見屋敷奉行になる。嘉永四年（一八五一）正月八日、在京御用達役並。安政二年（一八五五）正月十一日、在京御用達役本役になる。同三年九月十八日、在京御用達役在職中に病死した。生年は不詳。家禄は百五十石。

［典拠・参考文献］『藩士名寄』、『藩士大全』、『瀬戸市史通史編上』、『長久手町史本文編』、『近世の瀬戸』、『日進町誌資料編三』

月ヶ瀬善次郎　つきがせ ぜんじろう　生年不詳～天保十二年（一八四一）

通称善次郎、善左衛門。名は政允。父治左衛門の惣領。安永三年（一七七四）三月七日、御目見より留書見習に出仕した。同七年二月晦日、留書本役になる。天明五年（一七八五）四月十二日、御国方勘定吟味役。同年同月、御代官御用見習。同八年十月九日、太田代官に昇進した。寛政四年（一七九二）正月九日、勘定奉行になる。同六年六月四日、留書奉行並。同十二年二月二十五日、留書頭に昇進した。同十三年二月十二日、作事奉行。享和二年（一八〇二）五月十六日、品姫様御用人。同三年五月十八日、普請奉行。文化元年（一八〇四）十月九日、町奉行。同五年十月二十四日、勘定奉行。同九年九月二十九日、御勝手方。同十年八月二十七日、中務大輔様家老。同十一年八月十八日、勘定奉行勝手方。文政七年（一八二四）九月晦日、書院番頭格勘定奉行に栄進した。同九年二月十日、老年勤務難渋に付き勘定奉行職務御免、世録高二百俵、知行二百石を給う。天保十二年（一八四一）六月八日、病死した。生年は不詳。世録は二百俵、知行二百石。

【典拠・参考文献】『藩士名寄』、『藩士大全』、『美濃市史通史編』、『可児町史通史編』

蔦木丹左衛門　つたき たんざえもん　生没年不詳

通称丹左衛門、伊三郎、八太夫。名は盛芳、政房。実父は清水太郎左衛門一明。養父は藤四郎。寛保二年（一七四二）二月、源載様に初御目見。宝暦十二年（一七六二）九月、養父家督二百五十石の内二百石を相続し、馬廻組に出仕した。明和二年（一七六五）二月、五十人目付。安永八年（一七七九）八月、下屋敷奉行になる。天明三年（一七八三）八月、神守代官に昇進した。同五年三月、新御番小頭になる。同年十二月、金奉行。同八年十月、光相院様御用達役。寛政元年（一七八九）十二月、呉服細物方御納戸。同四年七月、奥御番。同五年八月、老衰に付、願に依り隠居。生没年は不詳。家禄は二百石。子は小牧・上有知・鳴海代官の猪兵衛。

【典拠・参考文献】『藩士名寄』、『藩士大全』、『八開村史通史編』、『佐屋町史史料編一』、『蟹江町史』

蔦木猪兵衛　つたきいへえ（文政三年（一八二〇）～没年不詳）

通称猪兵衛、勝太郎。父は神守代官の丹左衛門。文政三年（一八二〇）二月十八日に生まれる。天保十四年（一八四三）十二月十六日、御目見より留書見習に出仕した。弘化三年（一八四六）二月八日、留書並。嘉永四年（一八五一）四月二十七日、留書本役となる。安政四年（一八五七）五月十四日、町方吟味役並になる。同年六月十七日、地方吟味役並。同七年正月二十二日、勘定吟味役頭取、地方相勤。万延元年（一八六〇）九月四日、小牧代官に昇進した。文久二年（一八六二）八月二十七日、上有知代官に転任する。元治元年（一八六四）十月、勘定吟味役頭取公事方。慶応四年（一八六八）五月十四日、鳴海代官に栄進した。同年八月八日、南部惣管参謀助役。明治二年（一八六九）二月二十四日、御使番格勘定吟味役頭取公事方。同年十一月九日、父丹座衛門隠居に付き家督三百石を受ける。同年十一月十二日、民政権官農政懸り。同三年三月二十五日、五等官、御城御番一等兵隊。同四年十二月十四日、願により隠居した。没年は不詳。家禄は三百石。

【典拠・参考文献】『藩士名寄』、『藩士大全』、『旧名古屋士族別簿』、『小牧市史』、『美濃市史通史編』、『豊明市史資料編一』、『日進町誌資料編三』

角田新左衛門　つのだ しんざえもん　生年不詳～寛政二年（一七九〇）

通称新左衛門。宝暦九年（一七五九）、奥茶道石原仙斎の養子から奥茶道見習に出仕した。明和二年（一七六五）小納戸詰格。同四年、英巌院様御取次番になる。安永六年（一七七七）、養子縁組断縁し角田姓に戻る。同七年、勘定方並手代になる。天明二年（一七八二）、普請方並手代。同三年、学館書記。同四年、明倫堂典籍になる。同七年、明倫堂教授並。寛政元年（一七八九）、二月二十九日、小牧代官に昇進した。同二年十一月二十九日、小牧代官在職中に病死。生年は不詳。家録四十七石十人扶持。

〔典拠・参考文献〕『藩士名寄』、『藩士大全』、『国秘録役寄帳書抜』、『小牧市史』、『江南市史本文編』

【と】

東條七四郎　とうじょう しちしろう　生没年不詳

通称七四郎、覚左衛門。父覚左衛門の惣領。文政十二年（一八二九）三月二十九日、御目見から留書見習に出仕した。天保元年（一八三〇）十二月二十一日、留書並。同五年三月晦日、留書本役。同八年十月十日、地方勘定吟味役になる。同十四年三月七日、太田代官に昇進した。嘉永二年（一八四九）十二月二十七日、亡父遺跡四百石を継ぐ。同五年六月二十六日、先手物頭となる。安政六年（一八五九）八月十二日、小普請頭になる。慶応三年（一八六七）二月二十二日、岐阜奉行に栄進した。同年三月十八日、普請役。同四年四月四日、範次郎様家老並。同年五月二十七日、範次郎様執政与。明治二年（一八六九）六月九日、中奥小姓になる。同年九月十三日、三等官、二等部長。同年十一月二十五日、二等連隊長与。同年十二月二十二日、五等官番兵三等小隊司令。明治三年（一八七〇）二月十五日、願の通隠居。生没年は不詳。家禄は四百石。

［典拠・参考文献］『藩士名寄』、『藩士大全』、『美濃加茂市史通史編』、『可児町史通史編』、『川辺町史通史編』

土肥定左衛門　とひじょうさえもん　生年不詳～文政十一年（一八二八）

通称定左衛門、松蔵。名は直次。父は不詳。土肥次郎兵衛の弟。安永八年（一七七九）八月二十三日、新規御目見。天明三年（一七八三）六月十九日、山澄淡路守同心から出仕した。寛政五年（一七九三）十一月十九日、寄合組。文化元年（一八〇四）四月十九日、勘定吟味役になる。同七年十二月二十一日、中務大輔様付属。同八年正月五日、中務大輔様領地奉行、寺社・町方も相勤。文政八年（一八二五）六月二十七日、川並奉行格小牧代官に昇進した。同十年十一月五日、

長囲炉裏番。同十一年正月十三日、長囲炉裏番在職中に病死した。生年は不詳。家禄は百二十五石。

［典拠・参考文献］『藩士名寄』、『藩士大全』、『小牧市史』、『江南市史本文編』

【な】

中川彦三郎　なかがわ ひこさぶろう　生年不詳〜享和二年（一八〇二）

通称彦三郎、孫三郎。茶屋長与の弟。養父は勘左衛門。安永二年（一七七三）八月二十八日、新規御目見。天明三年（一七八三）三月四日、養父の遺跡知行三百石の内、二百石を継ぎ、馬廻組に出仕した。同年八月五日、御国方勘定吟味役になる。同五年四月十二日、神守代官に昇進した。寛政元年（一七八九）十二月十日、川並奉行兼北方代官に栄進した。同十年二月二十七日、金奉行になる。享和二年（一八〇二）九月二日、金奉行在職中に病死した。生年は不詳。家禄は二百石。

［典拠・参考文献］『藩士名寄』、『藩士大全』、『新編一宮市史資料編八』、『北方御代官人名録』、『江南市史

長坂萩助　ながさか はぎすけ　生年不詳～文化十二年（一八一五）

通称萩助、小七郎、千之助。名は正晴。父甚兵衛の惣領。明和二年（一七六五）七月六日、扶持二人扶持を受け、御国御用人支配に出仕した。安永二年（一七七三）八月二十八日、新規御目見。同五年十二月二十二日、五十人組並。天明三年（一七八三）二月朔日、五十人組本役。同八年四月九日、御国方吟味役並。寛政三年（一七九一）三月二十三日、御国方吟味役本役になる。同四年五月十九日、太田代官に昇進した。享和三年（一八〇三）四月二十四日、大代官並兼勘定吟味役頭取になる。文化三年（一八〇六）正月十一日、大代官本役に栄進した。同五年正月二十六日、勘定吟味役頭取兼鳴海代官になる。同九年二月十四日、純姫様御用役となる。文化十二年（一八一五）」三月十八日、御納戸金方。同年六月二十日、御納戸在職中に病死した。生年は不詳。家禄は切米三十一俵。

（註）文化元年（一八〇四）十月二十七日から同二年八月四日まで佐屋代官に在任と記されている『佐屋町史史料編一』。しかし『藩士名寄』、『国秘録役寄帳書抜』には、文化年代に佐屋代官の記載はない。

【な】

【典拠・参考文献】『藩士名寄』、『藩士大全』、『国秘録役寄帳書抜』、『美濃加茂市史通史編』、『川辺町史通史編』、『日進町誌資料編三』、『佐屋町史史料編一』

【に】

西村源兵衛　にしむら げんべえ　生年不詳〜慶応四年（一八六八）

通称源兵衛、大八郎、源八郎、半兵衛。父源兵衛の惣領。文政元年（一八一八）十二月四日、御目見より留書見習に出仕した。同六年正月十八日、留書並。同七年十月二十四日、留書本役になる。同十一年正月十九日、奥詰並。同年二月二十九日、小納戸並になる。同年十月二十八日、書院番。天保三年（一八三二）正月二十日、小普請組与頭。同四年六月二十四日、熱田奉行改役。同七年十一月六日、勘定吟味役地方。同十一年九月二十二日、小牧代官に昇進した。同十二年十二月二十七日、勘定吟味役頭取。同年十二月二十二日、川並奉行兼北方代官になる。弘化三年（一八四六）八月十日、大番組与頭並。嘉永元年（一八四八）六月二十四日、大代官に栄進した。同七年九月二十日金奉行。安政二年（一八五五）十二月二十日、改革に付き金奉行並になる。同四年二月晦日、金奉行本役となる。同七年正月二十三日、在京御用達役並。文久二年（一八六

二）六月三十日、金奉行格普請役。同年十一月二十日、世禄五十俵に加増される。慶応四年（一八六八）正月九日、在職中に病死した。生年は不詳。家禄は五十俵。

【典拠・参考文献】『藩士名寄』、『藩士大全』、『北方御代官人名録』、『一宮市史上巻』、『江南市史本文編』

【の】

野垣源兵衛　植久　のがきげんべえ　生年不詳～文化八年（一八一一）

通称源兵衛、武左衛門、七郎治。名は植久。父佐枝主馬長植の次男。養父は源兵衛茂久。明和六年（一七六九）八月二十八日、源明様（九代藩主宗睦）に初御目見。同九年八月一日、川並奉行見習に出仕した。安永六年（一七七七）九月十九日、源明様岐阜御殿へ御成りの節、源兵衛宅に立ち寄り、御目見、白銀を賜う。天明二年（一七八二）四月十九日、北方代官兼帯となる。同五年四月十日、願通り北方代官兼帯を解かれる。寛政二年（一七九〇）十二月十九日、知行百五十石。文化八年（一八一一）在職中に病死した。享年六十四。生年は不詳。家禄は百五十石。妻は養父源兵衛茂久の女。

野々垣家の先祖は、豊臣秀吉より各務郡前渡村から葉栗郡徳田村までの野方や木曽川の桴運送権を預けられたほどの土豪であり、延宝期の当主、また関ヶ原の戦いの折りに東軍池田輝政を助け、家康から厚い信頼を得ていた。尾張藩主も岐阜御成りの際は必ず源兵衛家に立ち寄るという慣例があり、野々垣家は円城寺奉行就任以前から円城寺湊の材木中継ぎを支配していた（『感興漫筆下ノ一』十一頁）。

［典拠・参考文献］『藩士名寄』、『藩士大全』、『尾張藩円城寺奉行の変遷』（『郷土文化通巻一七六号』所収）、『北方御代官人名録』、『新編一宮市史資料編八』、『感興漫筆下ノ一』、『一宮市史』、『江南市史本文編』

【は】

馬場九八郎　ばば くはちろう　生年不詳～嘉永三年（一八五〇）

通称九八郎、元右衛門。父元右衛門の惣領。享和二年（一八〇二）五月一日、御目見より留書

見習に出仕した。同四年三月二十九日、留書並。文化四年（一八〇七）十二月十六日、留書本役になる。同六年六月十四日、亡父遺跡百石を継ぎ、馬廻組に転任した。同八年正月二十四日、掃部頭様御側詰となる。同年十二月十日、馬廻組に転任する。同十一年十月二十九日、勘定吟味役になる。文政元年（一八一八）十月二十七日、太田代官に昇進した。同六年十一月二十六日、佐屋代官に転任する。同十年十月二十二日、金奉行。同十三年三月二十九日、在京御用達役。天保五年（一八三四）六月八日、鵜多須代官に転任する。同六年九月十日、大代官になる。同九年三月十四日、留書頭並。同年十二月二十九日、御使番格大代官。弘化四年（一八四七）五月十二日、勘定奉行並。嘉永二年（一八四九）正月三日、勘定奉行に栄進した。同年十二月二十九日、広敷御用人となる。同三年十二月十八日、廣敷用人在職中に病死した。生年は不詳。家禄は百石。

［典拠・参考文献］『藩士名寄』、『藩士大全』、『美濃加茂市史通史編』、『可児町史通史編』、『佐屋町史史料編二』、『八開村史通史編』、『祖父江町史』、『新編一宮市史資料編八』

馬場養助　ばば ようすけ　生年不詳～文化三年（一八〇六）

通称養助。明和三年（一七六六）二月二十一日、御国方添物書より物書本役になる。同六年三月二十六日、御国方並手代。安永六年三月二十三日、御国方本役手代となる。天明三年（一七八三）八月五日、御国方吟味役並。同六年十二月十五日、御国方勘定吟味役になる。寛政三年（一

七九一）正月十九日、小牧代官に昇進した。文化二年（一八〇五）八月四日、上有知代官に転任する。同三年四月二日、上有知代官在職中に病死した。生年は不詳。家禄は切米三十九俵。

【典拠・参考文献】『藩士名寄』、『藩士大全』、『小牧市史』、『江南市史本文編』、『美濃市史通史編』

林斧十郎　はやしおのじゅうろう　生年不詳～嘉永四年（一八五一）

通称斧十郎。名は充邑。養父は兵右衛門。寛政元年（一七八九）十二月一日、初御目見。同九年七月二日、留書見習に出仕した。同十年七月六日、留書並。同十二年十二月二十一日、留書本役になる。文化五年（一八〇八）四月十四日、寺社吟味役並。同九年正月十六日、寺社吟味役本役になる。文政四年（一八二一）四月十九日、寺社奉行所吟味役頭取。同七年十一月二十九日、鳴海代官に昇進した。同十二年六月二十六日、大代官になる。天保六年（一八三五）三月三十日、作事奉行並。同九年五月二十二日、普請奉行に栄進した。同十四年五月二十七日、岐阜奉行になる。弘化四年三月十九日、元高百俵に加増される。嘉永元年（一八四八）七月二十四日、長囲炉裏番格普請役。同四年八月二日、在職中に病死した。生年は不詳。家禄は百俵。

【典拠・参考文献】『藩士名寄』、『藩士大全』、『日進町誌資料編三』、『豊明市史資料編二』、『豊明市史本文編』

半田小兵治　はんだ こへいじ　生没年不詳

通称小兵治、市太郎、小兵衛、文蔵、一斎。父三六の惣領。文政九年（一八二六）十月十三日、徒目付見習に出仕した。同十二年十一月八日、徒目付。天保十三年（一八四二）七月六日、勘定吟味付組頭になる。同十五年七月二十日、勘定吟味役。弘化四年（一八四七）六月十七日、勘定吟味役地方。嘉永五年（一八五二）二月六日、横須賀代官に昇進した。安政六年（一八五九）十二月十八日、勘定吟味役頭取。文久二年（一八六二）六月十八日、多年精勤に付き永々御目見以上になる。同年十一月二十日、世録高五十俵に加増される。同年十二月十八日、鳴海代官になる。元治元年（一八六四）四月十四日、御使番格大代官。同二年二月二十二日、普請役。慶応元年（一八六五）八月二十三日、勘定奉行並地方兼公事方に栄進した。同四年四月十五日、書院番頭格普請役。明治元年（一八六八）九月二十二日、南部惣管参謀。同二年十一月二十五日、南部部宰大従事与。同三年三月十日、願の通り隠居した、長々相勤めに付扶持二人分。同年同月十五日、庄内邑宰、五等官。同年十一月十七日、任少属、出張所懸り。同四年八月二十八日、免本官。生没年は不詳。家禄は五十俵。

［典拠・参考文献］『藩士名寄』、『藩士大全』、『東海市史通史編』、『知多市誌本文編』、『郷土文化第四巻第三号』、『日進町誌資料編三』、『豊明市史資料編一』

樋口又兵衛　好古　ひぐち またべえ（寛延三年（一七五〇）～文政九年（一八二六））

通称又兵衛、貞次郎。名は好古。号は知足斎。父は又右衛門。母は羽田野氏の女。寛延三年（一七五〇）十二月二十五日に生まれる。先祖は信州長野村の樋口次郎兼光。安永三年（一七七四）六月九日、浪人より勘定方並手代に召抱えられる。同四年五月十九日、勘定方手代。天明三年（一七八三）八月五日、御国方手代。同七年十月二十九日、御国方勘定役に職名変更、御歩行格に昇格。寛政元年（一七八九）四月二十九日、御国方勘定吟味役並。同四年十二月十九日、御国方勘定吟味役本役になる。同十一年八月二十三日、地方勘定吟味役頭取、大代官御用向き相勤める。文化二年（一八〇五）八月四日、大代官格勘定吟味役頭取になる。同五年正月二十六日、大代官兼勘定吟味役頭取に昇進した。文政五年（一八二二）七月二十九日、錦織奉行並兼大代官。同七年十一月二十九日、書物奉行に栄進した。文政九年四月十六日、中奥御番格書物奉行。同年六月四日、書物奉行在職中に病死した。享年七十七。墓は平和公園、本要寺（日蓮宗）墓地に碑文がある。家禄は二十石。

著書に、寛政三年春から文政五年五月までの三十一年かけて、完成させた『郷村徊行記』（「尾張徇行記・濃州徇行記」）三十九冊は、職務に役立てようと尾張全村と美濃、近江の藩領を自分自身で廻り、記録した貴重な史料である。他に、地方税制等の指導書である『税賦参定指南』や『牧民忠告解』、『詩稿』などがある。

〔典拠・参考文献〕『藩士名寄』、『藩士大全』、『名古屋市史人物編』、『知多市誌本文編』、『名古屋名家墓地録（全）』

平川善十郎　ひらかわ ぜんじゅうろう　生没年不詳

通称善十郎、善之丞。養父は徳右衛門。天保十一年（一八四〇）十一月二十六日、御目見より養父遺跡五十六俵を継ぎ、馬廻組に出仕した。同十三年六月十日、留書見習に転任する。同十五年七月十三日、留書並。嘉永三年（一八五〇）三月十六日、留書本役になる。安政四年（一八五七）十二月二十九日、御勝手改革所吟味役並。同七年正月十一日、御勝手方改革所吟味役本役になる。万延元年（一八六〇）九月四日、御船手改役。文久元年（一八六一）六月二十四日、寺社奉行吟味役になる。慶応元年（一八六五）七月十九日、水野代官兼林奉行に昇進した。同三年十二月二十五日、御納戸格普請役。明治元年（一八六八）十一月十四日、御維新に付き御見席寄合。同二年九月三日、御城御番一等兵隊。同三年十一月十二日、御城御番一等兵隊廃止に付き職務差免。生没年は不詳。家禄は五十六俵。

〔典拠・参考文献〕『藩士名寄』『藩士大全』、『瀬戸市史通史編上』、『近世の瀬戸』、『長久手町史本文編』、『日進町誌資料編三』

平野弥三左衛門　ひらの　やさざえもん　生年不詳～天保四年（一八三三）

通称弥三左衛門、弥三右衛門、新兵衛。父は弥三右衛門。寛政九年（一七九七）十二月八日、御目見より家督知行百五十石を継ぎ、馬廻組に出仕した。同十年四月九日、大番組に転任する。享和元年（一八〇一）三月四日、地方吟味役。文化元年（一八〇四）二月二十四日、細工頭兼帯。同五年七月十七日、太田代官に昇進した。同七年三月四日、留書頭並になる。文化十年六月、木曾路旅館の見分御用に付、白銀二枚給う。同十三年正月十一日、留書頭本役に栄進した。文政元年十二月、乗蓮院様逗留御用の骨折に付、拝領物と白銀三枚を給う。同月、章善院様御事に付、拝領物と白銀三枚を給う。同四年十二月、直七郎様養子御用骨折に付、拝領物と白銀五枚を給う。同六年三月、道中筋改正御用骨折に付、白銀三枚を給う。同七年正月、当役久々相勤に付、拝領物と白銀三枚を給う。文政八年（一八二五）六月十三日、小普請組頭になる。天保四年（一八三三）九月二十四日、小普請頭在職中に病死した。生年は不詳。家禄は百五十石。

〔典拠・参考文献〕『藩士名寄』、『藩士大全』、『美濃加茂市史通史編』、『川辺町史通史編』、『付知町史通史編』、『可児町史通史編』

廣瀬傳三郎　ひろせ　でんざぶろう　生没年不詳

通称傳三郎。父は友右衛門。安政五年（一八五八）九月二日、御目見より留書見習に出仕した。同六年十月二十六日、留書並。文久二年（一八六二）六月十八日、留書本役になる。元治二年（一八六五）正月二十九日、右筆格留書になる。慶応元年（一八六五）八月二十三日、清須代官に昇進した。同三年十二月二十五日、勘定吟味役頭取地方。明治二年（一八六九）二月二十四日、御使番格勘定吟味役頭取地方。同年四月二十三日、父隠居に付き切米五十俵を継ぐ。同年十一月二十五日、民政権官農政懸り。明治三年十月二十三日、任少属。同年十一月七日、東方部宰方少従事。明治四年八月二十八日、葉栗郡出張所懸り。生没年は不詳。家禄は五十俵。

【典拠・参考文献】『藩士名寄』、『藩士大全』、『新修稲沢市史通史編上』、『清州町史』、『平和町誌』、『新川町史』、『江南市史本文編』、『春日村史』

【ふ】

深澤新平　ふかざわ しんぺい　文化五年（一八〇八）～明治三年（一八七〇）

通称新平。名は萬。文化五年（一八〇八）に生れる。天保十一年（一八四〇）十月、家督百石を継ぎ、馬廻組に出仕した。同十二年十月二十日、大番組に転任する。同十三年六月十日、寺社奉行吟味役になる。弘化元年（一八四四）正月二十七日、水野代官兼林奉行に昇進した。嘉永元年（一八四八）六月二十四日、清州代官に転任する。嘉永三年十一月、深澤代官の心情がこもった村触れ（後述）を出している。同六年（一八五三）十二月二十二日、川並奉行兼北方代官になる。在任中、私塾「牛刀舎」を開いている。牛刀舎に学ぶものは、代官所の手代、足軽、村役人、豪農の子弟である。舎長には、元北方代官所の調役の岩田與一郎である。岩田は、二十七歳のときに故あって辞職した。諸国を満遊し草莽の臣となる。新平に見込まれて舎長となる。新平から一人扶持の俸禄を貰っている。

安政五年（一八五八）十一月二十六日、金奉行。万延元年（一八六〇）六月二十五日、終身禁固刑に処せられる（後述）。文久元年（一八六一）四月二十九日、終身禁固刑の禁を解かれる。同二年九月二十七日、川並奉行兼北方代官に再任される。同年十一月三十日、大代官になる。

同三年八月十日、木曾材木奉行兼錦織奉行に転任する。慶応二年（一八六六）二月十日、録事長（留書頭）になる。慶応四年四月、勘定奉行に栄進した。明治二年十月八日、名古屋藩権参事（勘定奉行）。明治三（一八七〇）正月二十三日、名古屋藩権参事在職中に病死した。享年六十二。墓は名古屋市北区味鋺字御林、松徳院（曹洞宗）にある。墓碑に深沢萬「恭順院謙山義譲居士」と記されている。家禄は百石。

［典拠・参考文献］『名古屋管内人物』、『名古屋市史人物編上巻』、『名古屋市史政治編第二』、『瀬戸市史通史編上』、『新修稲沢市史通史編上』、『一宮市史上巻』、『北方御代官人名録』、『名古屋名家墓地録（全）』、『愛知県災害誌』

深澤清州代官在任中の嘉永三年（一八五〇）は、災害の当たり年で、その年七月二十一日に尾張・三河に台風、八月三日から五日間は大雨が降り、その後も十二日まで雨がやまず、尾張・三河の各河川が出水し、庄内川は味鋺・比良村（現名古屋市）で破堤し、小田井の上中下の三郷が浸水した。九月三日に暴風雨があり、高潮で海西郡の海岸新田の堤防が決壊し、民家の流失五千軒、田畑の被害は石高で六十万石に達したという。食糧不足を当てこんだ米の売り惜しみなどで穀物の値段が跳ね上がり、被災地の水飲み百姓が、一番のしわ寄せを受けることになった。深澤清州代官は、嘉永三年十一月に各庄屋宛に村触れを出している。村触れには、今年の冬から来年の麦秋までの生活の仕方を微に入り細にわたって指図している。「自分の村で物乞いするのを恥じるは心得違いである。どんなことをしても飢え死しないようにしろ」、「支配所内に飢えの者あればそれは代官の罪である」飢えた者を村から追放せずに皆で救済せよ。そして、村の一人一人を庄屋の家に呼寄せて申し入れ渡せと指図している。深澤代官の心情が伝わってくる村触れである。その村触れは、次の通りである。

一、　　　　―前略―。

一、困窮の者どもは人の世話にあいならざるよう心掛け、何によらず食べ物の足しにあいなり候品は貯え置き、買い候品々も始末いたし、少分にても残し置き、かつ一人立ち身働きいたし候者どもは日雇いあい稼ぎ、右賃銭うちなるだけ除け置き、何にても食用の品々あい求め置き候ほどに心掛くべく候。其のうちの居村、貰い歩き候儀、恥じ候心底の者どもこれある由あい聞こえ候えども、其の段は甚だ心得違いの事に候間、いか様いたし候てなりとも渇命に及ばざるよう只今より心掛くべく候。

一、支配所内に渇え候者これあり候は我等が咎なり。村内に渇え候出来候は村役人の咎なり。家内に渇え候者出来候は亭主分の咎なり。我等もこの咎に相ならざる様心がけ候間、いずれも同様に心得、銘々引き受けの者かつえざるよう厚く世話いたすべく候。右の趣、村中の者それぞれ申し聞かせ村役人頭百姓において引き受け立ち入り世話させ、当年余分の田麦蒔き付け候畝歩を書付にいたし、堤銀上納の節必ず申達すべく候。

此の状承知の上、即刻先き村へあい廻し留め（村）より早々返すべきもの也。

右の趣、村中の者ども庄屋所へ呼び寄せ一人別に入念に申し渡すべき事。
（『新修一宮市史史料編八』「続知多半島を読む」）

終身禁固刑に処せられる

安政五年（一八五八）四月、彦根藩主井伊直弼が大老に就任し、二か月後の六月十九日、勅許を待たずに、日米通商航海条約が無断で調印された。同年同月二十四日、これを知った徳川斉彬、尾張藩主徳川慶恕、水戸藩主慶篤と共に不時登城し、勅許を得ないで条約調印を行った井伊を激しく糾弾した。慶喜、慶永もこれに同調した。斉彬らの抗議はむなしく退かれた。同年七月五日、斉彬、慶恕、慶永に謹慎、慶篤と慶喜に登城禁止の幕命が発せられた。尾張藩主慶恕が隠居謹慎を命ぜられたことから、井伊と結んでいた開国派の付家老竹腰正諟は、この機を利用して徹底した攘夷論者であった慶恕を江戸の別邸に幽閉した。安政の大獄は、嘉永期の慶恕の粛清工作と人材登用によって不遇をかこっていた竹腰に藩政の實権を再び握ることになった。慶恕に最も親しく重用された田宮弥太郎（如雲）は、同年七月御役御免となった。高須松平家の時から慶恕教育の地位にあった長谷川惣藏と小姓の沢田庫之進、北方代官の深澤新平、清洲代官の西部相嘉、小牧代官の松平竹蔵、明倫堂教授次座の植松庄左衛門など慶恕によって登用された人達が、安政五年年十一月二十六日、蟄居・謹慎・降格などの処分を受けた。

この時期に注目される藩内の動向に、庄屋層の動きがある。慶恕の幽閉処分に抗議する庄屋らが、謹慎を解かれ国元に居住出来るよう、連名で強く嘆願を繰り返した。安政五年北方代官支配下の一宮村の惣年寄林九郎左衛門が嘆願書を提出した。八月には小牧代官支配下の大赤見村と西大海村の年寄二名、さらに清洲代官支配下四十カ村の庄屋六十三名、大代官支配下の庄屋一名、北方代官支配下の庄屋一名の合計六十五名の庄屋が連名で清洲代官所へ嘆願を行った。深澤はこの誓願を藩にそのまま申達した。藩の参政は深澤を呼び寄せて、なぜ民を諭して願いを退けなかったのかと詰問した。深澤は毅然として「人心の帰するところ此のごとし、これを諭す効無し。下情を上達せざるは、忠ならざるなり」と答えた、藩議は、この誓願は深澤がそそのかしものと判断し、万延元年（一八六〇）六月二十六日、終身禁固の刑に処した。井伊大老が暗殺された後の文久元年（一八六一）四月二十九日、慶恕が禁を解かれるに依り、永年禁固の刑は解かれた。慶恕が勢力を取り戻した文久二年（一八六二）九月二十九日、川並奉行兼北方代官兼円城寺奉行に復帰した。

（『新修名古屋市史第四巻』、「続知多半島を読む」、「植松茂岳集第二部」）

藤江富三郎　ふじえ とみさぶろう　生没年不詳

通称冨三郎。父は不詳。鳴海代官までの人事記録不詳。天保十四年（一八四三）八月、鳴海代官に就任した。同年十一月七日、雑学心院様御用役に転任した。生没年不詳。家禄不詳。

［典拠・参考文献］『豊明市史資料編二』、『日進町誌資料編三』

【ほ】

本多勘蔵　ほんだ かんぞう　生年不詳～寛政七年（一七九五）

通称勘蔵。名は俊英。明和六年（一七六九）七月十三日、亡兄本多文五左衛門跡目、扶持十五人分並びに家屋敷とも継ぎ、馬廻組に出仕した。同七年二月二十五日、継目御礼の御目見。天明元年（一七八一）八月十六日、代官検見差添五十人目付仕埋になる。同二年八月十三日、林奉行になる。寛政元年（一七八九）正月二十三日、宰相様上水野村、水野権平宅に宿泊の折、権平同様骨折相勤に付、銀一枚を給う。同日、植田山に鹿狩の節相勤、出精骨折相勤付、銀一枚を給う。同年十二月十日、神守代官に昇進した。寛政七年（一七九五）二月四日、神守代官在職中に病死した。生年は不詳。家禄は二十石五人扶持。

〔典拠・参考文献〕『藩士名寄』、『藩士大全』、『八開村史通史編』、『祖父江町史』、『蟹江町史』

本多三四郎　ほんだ さんしろう　文政十二年（一八二九）〜没年不詳

通称三四郎、貞廣。養父は常十郎。文政十二年（一八二九）十二月二十二日に生れる。安政三年（一八五六）二月六日、御目見えより養父隠居に付き百五十石を継ぎ、馬廻組に出仕した。同四年四月二十六日、寄合組に転任する。元治元年（一八六四）八月五日、勘定吟味役勝手方。慶応二年（一八六六）十月二十二日、勘定吟味役頭取格勘定吟味役。同三年二月十二日、江戸詰中、勘定奉行勝手方御用向心得になる。慶応四年正月二十九日、太田代官に昇進した。同年八月七日、小牧代官に転任する。明治二年正月六日、勘定吟味役頭取、木曾地取締所御用補助。同年二月二十四日、四等官小牧代官になる。同年二月二十五日、小牧邑宰になる。同年十二月三日、五等官一等兵隊。同三年七月十八日、五等官会計従事。同年十月二十三日、任権少属。明治四年正月七日、任少属会計懸り。没年は不詳。家禄は百五十石。妻なみ天保九年二月生まれ。

〔典拠・参考文献〕『藩士名寄』、『藩士大全』、『旧名古屋士族別簿』、『美濃加茂市史通史編』、『川辺町史通史編』、『小牧市史』、『一宮市史上巻』

本間初三郎 ほんま はつさぶろう 生没年不詳

通称初三郎、太左衛門。父加兵衛の惣領。天保十年（一八三九）十二月十八日、御目見より留書見習に出仕した。同十二年三月二十五日、留書並。同年十二月二十五日、留書本役。弘化三年（一八四六）十月十日、勘定吟味役になる。同四年六月二十六日、地方相勤。嘉永五年（一八五二）六月二十六日、太田代官に昇進した。同六年十月二十四日、勘定吟味役頭取地方。嘉永七年（一八五四）二月八日、亡父遺跡二百石を継ぐ。安政二年（一八五五）八月十六日、勘定吟味役頭取欠役に付き地方吟味役になる。同年十二月九日、作事奉行になる。同三年正月二十六日、大代官に栄進した。同五年十一月二十六日、金奉行。安政七年正月二十二日、大坂御用達役兼勘定吟味役頭取勝手方。文久元年（一八六一）四月十八日、鳴海代官になる。同二年十二月十八日、金奉行格普請役。同三年七月七日、勘定吟味役頭取。慶応元年（一八六五）五月二十七日、御使番格勘定吟味役頭取。同三年十二月二十五日、壽操院様御用役になる。慶応四年（一八六八）正月二十日、名古屋城二の丸御殿で、尾張藩重臣渡辺新左衛門、榊原勘解由《かげゆ》、石川内蔵允《くらのじょう》の三人が「朝命に依って死を賜う」とだけで、何らの抗弁の機も与えられないまま斬首され、同月二十五日までに評定所で十一人が斬首された。同年正月二十五日、さらに連座した本間初三郎をはじめ二十人が強制隠居、蟄居の処分が行われた（「青松葉事件」という）。生没年は不詳。家禄は二百石。

〔典拠・参考文献〕『藩士名寄』、『藩士大全』、『名古屋市史政治編第一』、『開けん幕末尾張藩と二人の家老』、『美濃加茂市史通史編』、『豊明市史資料編一』、『日進町誌資料編三』、『愛知県百科事典』

【ま】

牧野鍬蔵　まきの くわぞう　生没年不詳

通称鍬蔵、善太夫、善太。父は茂三郎。天保十一年（一八四〇）十一月十八日、勘定所書役添書から、勘定所書役になる。同十三年八月二十九日、支配勘定になる。弘化四年（一八四七）六月十七日、廣敷勝手方。安政二年（一八五五）十二月八日、改革に付き勝手方勘定役になる。同五年十二月六日、勝手方勘定本〆役。同六年九月二十三日、支配勘定組頭勝手方。文久三年（一八六三）正月十六日、小納戸詰役懸り。元治元年（一八六四）五月十二日、廣敷御用達。慶応元年（一八六五）十一月十九日、勘定吟味役地方。同三年三月二十八日、広敷詰格普請役。慶応三年十二月二十五日、水野代官兼林奉行に昇進した。同四年五月十四日、勘定吟味役頭取。同年八月五日、上有知代官に転任する。同年同月二十二日、北地惣管参謀助役。明治二年（一八六九）八月十四日、清洲代官に転任する。同年同月二十九日、五等官清洲代官になる。明治三年正月十四日、五等官民政権官農政懸り、木曽民政筋御用。同年十月二十三日、任少属、出張所懸り。同四年八月二十八日、知多郡出張所懸り。生没年は不詳。家禄は切米二十石。

［典拠・参考文献］『藩士名寄』、『藩士大全』、『瀬戸市史通史編上』、『長久手町史本文編』、『日進町誌資料編三』、『美濃市史通史編』、『新修稲沢市史通史編上』、『春日村史』

正木文蔵　まさき ふみぞう　生没年不詳

通称文蔵。父は平六。安政六年（一八五九）十月二十六日、御目見より留書見習に出仕した。文久元年（一八六一）八月六日、留書並になる。同二年四月九日、亡父遺跡切米三十俵を継ぐ。同年十一月二十日、世録高五十俵に加増される。同三年十二月十九日、留書本役になる。慶応元年（一八六五）五月四日、町奉行所吟味役になる。同四年五月二十二日、横須賀代官に昇進した。同年八月八日、軍事奉行助役。明治二年二月十四日、軍務参謀補助。同年十二月十七日、六等官軍務権判事付属。同三年四月二十日、民政権官農政懸り。同年十二月二十九日、権少属准席農政懸り。明治四年八月二十八日、職務差免。生没年は不詳。家禄は五十俵。

［典拠・参考文献］『藩士名寄』、『藩士大全』、『東海市史通史編』、『郷土文化第四巻第三号』、『知多市誌

松井武兵衛　まつい　たけべえ　生年不詳〜寛政八年（一七九六）

通称武兵衛、四郎左衛門。名は重武。父鈴木五左衛門重方の次男。養父は喜兵衛秀親。延享四年（一七四七）八月、源載様に初御目見。明和元年（一七六四）四月七日、養父知行二百石を継ぎ、竹腰山城守同心に出仕する。天明五年（一七八五）四月十二日、上有知代官に昇進した。寛政元年（一七八九）十二月二十九日、鵜多須代官に転任する。同二年十二月二十八日、新御番。同八年（一七九六）八月十一日、在職中に病死した。享年六十五。生年は不詳。家禄二百石。妻は養父喜兵衛女。

【典拠・参考文献】『藩士名寄』、『藩士大全』、『美濃市史通史編』、『八開村史通史編』、『祖父江町史』

松平竹蔵　まつだいら　たけぞう　文化八年（一八一一）〜明治二十年（一八八七）

通称竹蔵、竹之丞、庄十郎。名は正廣、高陰。号は巽。父助左衛門の惣領として文化八年（一八一一）十二月二十二日に生まれる。文政十二年（一八二九）二月十八日、御目見より家督百石を継ぎ、馬廻組に出仕した。同十三年十二月七日、表御錠口番並。天保二年（一八三一）正月十六日、長囲炉裏御番。安政二年（一八五五）三月八日、馬廻組に転任する。同三年十月二十七日、町方吟味役。同四年四月九日、小牧代官に昇進した。安政五年十一月二十六日、藩主慶勝の隠居・謹慎に連座し、小牧代官を免職。金奉行並、普請役となる。五年後の文久二年（一八六二）正月四日、町奉行所吟味役になる。同三年正月二十七日、小牧代官に復帰した。同年八月十五日、大代官に栄進した。元治元年（一八六四）七月十七日、川並奉行兼北方代官兼円城寺奉行になる。慶応二年（一八六六）九月二十七日、金奉行格大坂御用達役兼勘定吟味役頭取。同三年六月八日、金奉行格勘定吟味役頭取勝手方、普請役。同四年五月十四日、使番格大代官になる。明治二年十一月二十五日、庄内邑宰。同三年十二月十五日、願に依り職務御免。明治四年正月三十日、願通り隠居した。明治二十年（一八八七）十一月五日、死去した。享年七十五。墓は千種区鍋屋上野墓地（碑文有）にある。家禄は百石。

【典拠・参考文献】『藩士名寄』、『藩士大全』、『名古屋市史人物編』、『旧名古屋士族別簿』、『小牧市史』、『北方御代官人名録』、『一宮市史上巻』、『名古屋名家墓地録（全）』

松田庄太夫　まつだ しょうだゆう　生没年不詳

通称庄太夫、庄八郎、斉蔵。養父は庄太夫。文政十一年（一八二八）十一月十八日、御目見よ

り養父家督百五十石を継ぎ、馬廻組に出仕した。天保三年（一八三二）八月二十四日、寄合組。同九年四月二十四日、勘定吟味役公事方になる。同十四年十一月七日、横須賀代官に昇進した。嘉永二年（一八四九）八月十四日、広敷詰になる。同三年九月十二日、広敷詰格普請役。安政二年（一八五五）三月八日、改革に付馬廻組に転任する。文久元年（一八六一）七月二十日、願通り隠居。生没年は不詳。家禄は百五十石。

【典拠・参考文献】『藩士名寄』、『藩士大全』、『東海市史通史編』、『郷土文化第四巻第三号』、『知多市誌本文編』

松原三右衛門　まつばら さんえもん　生年不詳〜文久元年（一八六一）

通称三右衛門、五郎兵衛。名は武躬。父紋右衛門の惣領。文化六年（一八〇九）八月一日、御目見より右筆部屋留役見習に出仕した。同八年三月十一日、留役。同十四年二月四日、右筆になる。文政六年（一八二三）正月十八日、書院番。同七年七月二十四日、御納戸呉服方。同九年十一月八日、在京御用達役になる。天保五年（一八三四）三月二十六日、寄合組与頭並。同十一年正月十一日、寄合組与頭になる。同十三年七月六日、川並奉行兼北方代官に昇進した。同十四年十一月二十二日、木曾材木奉行兼錦織奉行になる。同十五年二月二十三日、大番組与頭。安政五年九月二十六日、馬廻組与頭。文久元年（一八六一）十二月二十四日、在職中に病死した。生年は不詳。家禄切米三十俵。

［典拠・参考文献］『藩士名寄』、『藩士大全』、『北方御代官人名録』、『新編一宮市史資料編八』、『江南市史本文編』

松原又右衛門　まつばら またえもん　生年不詳〜嘉永六年（一八五三）

通称又右衛門、小助、新五郎。名は直温。父弥一右衛門の次男。文化八年（一八一一）二月五日、御目見より「松原内匠事品有之、家名及断絶候処、親類共願之趣モ之有候付」、新規切米五十俵を給い、小普請組に召抱えられる。同十年十一月二十日、小十人組並。文政二年（一八一九）正月十一日、小十人組本役。同七年十月十日、勘定吟味役並。同十年正月十一日、勘定吟味役本役になる。天保四年（一八三三）三月十日、小牧代官に昇進した。同六年十月二十日、長囲炉裏御番。同十二年六月晦日、御蔵奉行になる。嘉永五年（一八五二）六月二十六日、勘定吟味役地方。同六年十月二十四日、太田代官に転任する。同年十一月三日、太田代官在職中に病死した。生年は不詳。家禄は切米五十俵。

［典拠・参考文献］『藩士名寄』、『藩士大全』、『小牧市史』、『江南市史本文編』、『川辺町史通史編』、『美濃加茂市史通史編』

真鍋茂太夫　まなべ もだゆう　生年不詳〜天保七年（一八三六）

通称茂太夫、友三郎、友次郎。名は正高、高正。父廣瀬市郎左衛門の四男。養父は茂太夫。明和五年（一七六八）七月九日、養父茂太夫の知行弐百石の内、百石を受け馬廻組に出仕した。天明四年（一七八四）二月二十日、御国方吟味役になる。寛政二年（一七九〇）十二月二十九日、鵜多須代官に昇進した。同十一年八月二十三日、大代官になる。享和三年（一八〇三）四月二十四日、大代官兼勘定吟味役頭取。文化九年（一八一二）九月十四日、錦織奉行兼木曾材木奉行。文政五年（一八二二）九月二十九日、長年に亘り錦織湊の流木取締に付、長囲炉裏御番頭格錦織奉行兼木曾材木奉行に栄進した。同八年五月晦日、長囲炉裏番頭格御深井丸番頭となる。天保七年（一八三六）七月二十三日、在職中に病死した。生年は不詳。家禄は百石。妻は養父茂太夫女。

【典拠・参考文献】『藩士名寄』、『藩士大全』、『八開村史通史編』、『祖父江町史』

【み】

三沢喜右衛門　みさわ きえもん　生年不詳～天保十四年（一八四三）

通称喜右衛門、銕蔵。養父は源右衛門。寛政八年（一七九六）九月八日、御目見より御側大寄合支配。同十一年四月十五日、小普請組。同十二年三月二十一日、小十人組並になる。文化二年（一八〇五）四月十八日、小十人組本役。同九年十一月二十九日、蔵奉行並。同十二年正月十一日、蔵奉行本役となる。文化十四年十月二十二日、御納戸呉服方。文政二年（一八一九）七月七日、御納戸腰物御用相勤。同年十一月三日、小牧代官に昇進した。同八年四月二十二日、上有知代官に転任する。同十年十月二十二日、佐屋代官となる。文政十二年（一八二九）六月二十六日、鳴海代官に栄進した。天保八年（一八三七）九月四日、金奉行。同十四年九月十七日、金奉行在職中に病死した。生年は不詳。家禄三十俵。

［典拠・参考文献］『藩士名寄』、『藩士大全』、『小牧市史』、『美濃市史通史編』、『佐屋町史史料編一』、『日進町誌資料編三』、『豊明市史資料編一』

水谷茂左衛門　みずたに もざえもん　生年不詳～文化十四年（一八一七）

通称茂左衛門、宇吉。宝暦十三年（一七六三）十二月二十一日、勘定方並手代に出仕した。明和三年（一七六六）三月十一日、勘定方手代本役。天明元年（一七八一）十一月二十七日、評定所定番兼帯。同六年十月七日、勘定方吟味役勝手方、御歩行格評定所定番兼帯となる。寛政元年（一七八九）六月九日、蔵奉行並。同四年十二月十九日、蔵奉行本役になる。同九年五月二十三日、寺社吟味役。文化四年（一八〇七）十一月十四日、下屋敷奉行になる。同八年十二月十日、川並奉行兼北方代官に昇進した。同十二年九月十六日、在京御用達役。同十三年二月四日、長囲炉裏番に転任。文化十四年（一八一七）四月十六日、長囲炉裏番在職中に病死した。生年は不詳。家禄は切米三十九俵。

［典拠・参考文献］『藩士名寄』、『藩士大全』、『北方御代官人名録』、『新編一宮市史資料編八』、『江南市史本文編』

水野権平　正恭　みずの ごんべい まさよし　生年不詳～文化十年（一八一三）

通称権平、惣次郎。名は正恭。父水野権平正興の惣領。母は飯田源次左衛門の女。宝暦四年（一七五四）二月二十二日、源戴様に初御目見。同九年十二月九日、林奉行見習。安永四年（一七七五）十月五日、跡目相続し、林奉行（切米三十石五人扶持）になる。天明元年（一七八一）

五月二十三日、林奉行兼水野代官となる、兼帯事項は国奉行に裁可のこと。寛政二年（一七九〇）十月十四日、濃州山林取締支配が加わり、加増米十石、都合切米四十石を給う。席順は鳴海代官次座となる。文化二年（一八〇五）十月二十六日、病気の為願通り水野代官兼任を解かれる。同七年二月十四日、願により隠居。文化十年（一八一三）七月二十一日没。生年は不詳。墓は瀬戸市水北町、感應寺墓地にある。家禄は四十石。妻は杉山源六女。

〔典拠・参考文献〕『藩士名寄』、『藩士大全』、『瀬戸市史資料編四近世』、『瀬戸市史通史編上』、『民吉街道』、『近世の瀬戸』、『日進町誌資料編三』

水野平右衛門　正模　みずの へいえもん まさかた　生年不詳～文化十一年（一八一四）

通称平右衛門。名は正模。父水野権平正興の三男。宝暦十三年（一七六三）八月二十三日、源明様に御目見。天明二年（一七八二）六月八日、御林奉行見習。寛政二年（一七九〇）二月二十九日、御林奉行となる。同年十月十四日、林奉行兼水野代官に昇進する。享和三年（一八〇三）正月十一日、切米十二石三人扶持。文化十一年（一八一四）正月五日、水野代官在職中に病死した。生年は不詳。墓は瀬戸市水北町、感應寺墓地にある。家禄は切米十二石三人扶持。妻は石黒善九郎女。

〔典拠・参考文献〕『瀬戸市史資料編四近世』、『瀬戸市史通史編上』、『近世の瀬戸』、『藩士大全』、『日進町

水野篤助　みずの あつすけ　生年不詳～天保十年（一八三九）

通称篤助。父平右衛門の惣領。文化十一年（一八一四）三月四日、亡父遺跡切米三十俵を継ぎ、小普請組に出仕した。文政三年（一八二〇）十二月四日、勘定吟味役並になる。同四年五月十四日、杦方懸り。同六年正月十一日、勘定吟味役本役となる。文政十一年六月三十日、太田代官に昇進した。天保八年（一八三七）十月十日、佐屋代官に転任する。天保十年六月十九日、佐屋代官在職中に病死した。生年は不詳。墓は瀬戸市水北町、感應寺墓地にある。家禄は切米三十俵。

［典拠・参考文献］『藩士名寄』、『藩士大全』、『瀬戸市史通史編上』、『近世の瀬戸』、『美濃加茂市史通史編』、『佐屋町史資料編二』、『蟹江町史』

水野竹太郎　みずの たけたろう　文化七年（一八一〇）～没年不詳

通称竹太郎、平太夫、平太、曾山。父篤助の惣領。文化七年（一八一〇）十二月四日に生まれる。天保六年（一八三五）八月二十九日、御目見より右筆部屋留役見習に出仕した。同八年四月十四日、右筆部屋留役。翌九年五月二十五日、御側懸り留役兼帯。天保十三年（一八四二）九月

晦日、右筆になる。嘉永四年（一八五一）四月十六日、右筆組頭となる。安政元年（一八五四）十二月二十九日、水野代官兼林奉行に昇進した。同五年十二月二十九日、作事奉行となる。同六年十二月二十九日、留書頭並。文久二年（一八六二）十一月二十日、世録高五十俵に加増される。同年十二月三日、普請奉行格作事奉行。同三年八月六日、普請奉行になる。同年十二月一日、明倫堂主事兼帯。元治元年（一八六四）十月十八日、勘定奉行並地方懸り兼公事方に栄進した。同年十一月十三日、町奉行兼帯。慶応元年（一八六五）五月十七日、町奉行兼帯御免。同年六月十四日、町奉行兼帯相勤、勘定奉行並の勤は解かれる。同年八月二十三日、町奉行格普請役。同年十二月二十六日、留書頭の慶応四年二月十四日、留書頭は廃止、町奉行格になる。同四年七月五日、町奉行格明倫堂督学参謀、普請役。明治元年（一八六八）十二月三日、町奉行格表御番頭取。同二年二月二十六日、三等兵隊、機械長。同年十一月二十五日軍機監。同年十二月十四日、職務差免。同年十二月晦日、願通り隠居した。没年は不詳。墓は瀬戸市水北町感應寺墓地にある。家禄は五十俵。妻たき（文化十四年八月生）。

［典拠・参考文献］『藩士名寄』、『藩士大全』、『旧名古屋士族別簿』、『瀬戸市史通史編上』、『近世の瀬戸』、『日進町誌資料編三』

御友角次郎　みとも　かくじろう　文化四年（一八〇七）～没年不詳

通称角次郎。父園衛門の惣領。文化四年（一八〇七）二月十日に生まれる。天保二年（一八三一）九月四日、御目見より亡父遺跡百五十石を継ぎ、馬廻組に出仕した。同年十月二十四日、右筆部屋留役見習。同四年五月十日、右筆部屋留役。同五年十二月二十九日、御側懸り兼留役。同十年八月十日、御廣敷詰。同十二年九月晦日、御廣敷詰兼帯。同十四年七月三日、寺社奉行所吟味役。弘化三年（一八四六）九月二十四日、上有知代官に昇進した。同四年十一月二十日、寺社奉行所吟味役頭取になる。嘉永三年（一八五〇）十月二十七日、御納戸金方。同四年正月八日、伏見屋敷奉行。同六年九月十四日、勘定吟味役勝手方。同七年九月二十七日、伏見屋敷奉行。安政二年三月十八日、改革に付き馬廻組に転任する。同三年六月二十四日、勝手方吟味役。同六年五月二十七日、御納戸呉服方。万延元年（一八六〇）九月二十七日、小納戸。明治二年（一八六九）二月一日、四等官員。同年十一月二十日、願に依り隠居。生没年は不詳。家禄は百五十石。

【典拠・参考文献】『藩士名寄』、『藩士大全』、『美濃加茂市史通史編』、『川辺町史通史編』、『可児町史通史編』、『旧名古屋士族別簿』

箕浦与右衛門　みのうら　よえもん　生年不詳～天保六年（一八三五）

通称与右衛門。天明五年（一七八五）九月二十一日、御国方添物書より御国方物書になる。寛

政元年（一七八九）六月二日、御国方勘定役並。同六年正月十九日、御国方勘定役本役となる。同年六月四日、地方勘定役になる。同九年七月二日、佐屋奉行預手代。同十一年六月五日、勝手方勘定役。文化五年（一八〇八）十月一日、支配勘定組頭並。同十年五月二十一日、支配勘定組頭となる。同十二年九月二十五日、勘定所吟味方になる。文政元年（一八一八）十二月二十六日、上有知代官に昇進した。同二年十一月十九日、勘定吟味役頭取、杁方懸り。同六年十月二十四日、数十年精勤付徒格に昇格。同八年六月十日、多年地方功労者に付き、永々御目見に昇進する。天保三年（一八三二）十一月四日、金奉行格勘定吟味役頭取。同五年三月二十日、金奉行になる。同年九月四日、長囲炉裏番。天保六年（一八三五）十二月八日、長囲炉裏番在職中に病死した。生年は不詳。家禄は十五石。

【典拠・参考文献】『藩士名寄』、『藩士大全』、『美濃市史通史編』

三村平六　みむら へいろく　寛政六年（一七九四）～嘉永元年（一八四八）

通称平六。寛政六年（一七九四）に生まれる。養父は團蔵。文政五年（一八二二）十二月二十四日、御目見より明倫堂監生に出仕した。同九年十一月十八日、明倫堂典籍並。天保三年（一八三二）正月十一日、明倫堂典籍本役となる。同八年五月晦日、水野代官兼林奉行に昇進した。同十一年十一月四日、佐屋代官に転任する。同十四年八月三日、大代官格佐屋代官になる。同十五年正月二十七日、大代官に栄進した。嘉永元年（一八四八）八月十九日、大代官在職中に病死した。享年五十五。家禄は切米三十俵。

【典拠・参考文献】『藩士名寄』、『藩士大全』、『植松茂岳二部』、『瀬戸市史通史編上』、『日進町誌資料編三』、『長久手町史本文編』、『佐屋町史史料編一』

【む】

村上只右衛門　むらかみ ただえもん　生没年不詳

通称只右衛門、七之丞。名は忠雄。父只右衛門の惣領。明和四年（一七六七）八月二十三日、新規御目見。天明二年（一七八二）六月十七日、亡父知行百五十石を継ぎ、馬廻組に出仕した。同三年八月五日、御国方吟味役。同四年十二月四日、鵜多須代官に昇進した。寛政元年（一七八九）十二月十日、上有知代官に転任する。同五年六月二十三日、御納戸金方。文化七年（一八一〇）三月四日、金奉行になる。文政二年（一八一九）五月二十三日、願の通り隠居。生没年不詳。

家禄は百五十石。

［典拠・参考文献］『藩士名寄』、『藩士大全』、『八開村史通史編』、『祖父江町史』、『美濃市史通史編』

村瀬新十郎　むらせ しんじゅうろう　生年不詳～安政五年（一八五八）

通称新十郎。天保三年（一八三二）九月十五日、町奉行添物書より町奉行物書となる。同五年二月十四日、町奉行所調方添役。同年十二月十六日、町奉行所調役並兼調方添役。同十一年三月四日、町奉行与力並になる。同十四年正月十一日、町奉行与力本役になる、調方これまで通り。同年十一月二十六日、石場改役格町方与力、調方これまで通り。弘化二年（一八四五）正月二十七日、町奉行所吟味役。同三年七月二十二日、勘定吟味役。同四年六月十七日、勝手方相勤。嘉永六年（一八五三）十二月二十二日、上有知代官に昇進した。安政五年（一八五八）十一月三日、上有知代官在職中に病死した。生年は不詳。家禄は二十石四人扶持。

［典拠・参考文献］『藩士名寄』、『藩士大全』、『美濃市史通史編』

村瀬八郎右衛門　むらせ はちろうえもん　生没年不詳

通称八郎右衛門、駒三郎。養父は善三郎。安政六年（一八五九）十月二十六日、御目見より留書見習に出仕した。文久元年（一八六一）十一月十日、留書並。元治元年（一八六四）四月二十四日、留書本役となる。同二年二月十四日、明倫堂主事並。慶応元年（一八六五）七月十九日、太田代官に昇進した。同四年正月二十九日、納戸格普請役。同年八月五日、白鳥材木奉行並。明治元年（一八六八）九月二十二日、錦織奉行兼木曾材木奉行。明治二年十一月二十三日、御納戸。同年同月二十五日、出納方。同年十二月十四日、士族方従事与。同三年五月十五日、五等官公用方。同年七月十三日、材木監。同年十月二十三日、任権大属県庁懸り。同四年八月二十八日、春日井郡出張所懸り。生没年は不詳。家禄は三十俵五人扶持。

［典拠・参考文献］『藩士名寄』、『藩士大全』、『美濃加茂市史通史編』、『川辺町史通史編』、『可児町史通史編』

【め】

毛受仙左衛門

めんじょう せんざえもん　生年不詳～文化九年（一八一二）

通称仙左衛門。父は不詳。出仕からの人事記録は不詳。文化七年（一八一〇）四月十四日、太田代官に昇進した。同九年六月二日、太田代官在職中に病死した。生年は不詳。家禄は不詳。

［典拠・参考文献］『国秘録役寄帳書抜』、『美濃加茂市史通史編』、『川辺町史通史編』、『可児町史通史編』

【も】

本杉為三郎　もとすぎ ためさぶろう　生年不詳～嘉永元年（一八四八）

通称為三郎、三平。父三平の惣領。寛政十一年（一七九九）五月二十七日、御目見より留書見習に出仕した。享和元年（一八〇一）三月九日、留書並。同三年十二月二十六日、留書になる。文化七年（一八一〇）十一月五日、寺社吟味役並。同十年正月二十四日、寺社吟味役本役になる。文政二年（一八一九）十二月二十一日、右筆格留書。同九年十一月八日、御納戸呉服方。同十一年十一月十六日、賄頭兼台所頭。同十三年四月四日、伏見屋敷奉行となる。天保三年（一八三二）三月十四日、御納戸金方。同四年八月四日、馬廻組与頭。天保八年五月四日、川並奉行兼北方代官に昇進した。同十一年十一月十二日、錦織奉行兼木曽材木奉行。同十三年四九日、日記所留書頭並。嘉永元年（一八四八）八月二十四日、書物奉行格普請役。同年十二月十九日、在職中に病死した。生年不詳。家禄は切米三十俵。

【典拠・参考文献】『藩士名寄』、『藩士大全』、『北方御代官人名録』、『新編一宮市史資料編八』、『一宮市史上巻』、『江南市史本文編』

森田七右衛門　もりた しちえもん　生没年不詳

通称七右衛門、七藏。父は不詳。天保九年（一八三八）七月五日、支配勘定並から出仕した。同十一年十月二十四日、鵜多須代官手代並となる。同十四年正月十一日、鵜多須代官手代本役になる、加増弐石を給う。安政四年（一八五七）四月十四日、地方勘定本締役になる、加増弐石を給う。嘉永四年（一八五一）二月二十七日、収納方等引請相勤付、加増弐石を給う。同六年十一月八日、支配勘定組頭になる。万延二年（一八六〇）正月二十日、徒士格に昇格する。文久元年（一八六一）十二月一日、徒士格鵜多須代官手代となる。同二年十一月二十日、御譜代席に昇格する。同年十二月二十九日、家名永続、以来御切米五石を給う。慶応二年（一八六六）十二月二十九日、常々格別出精、相勤に付き御目見席に昇格する。慶応四年（一八六八）五月十四日、鵜多須代官に昇進した。明治二年十一月二十五日、鵜多須邑宰。同三年十一月十七日、任

権少属、出張所懸り。明治四年八月八日、依願免本官。生没年は不詳。家禄は十二石。

［典拠・参考文献］『藩士名寄』、『藩士大全』、『八開村史通史編』、『祖父江町史』

森村儀左衛門　もりむら ぎざえもん　生没年不詳

通称儀左衛門。天明三年（一七八三）八月五日、水奉行から鳴海代官に昇進した。同四年十二月四日、白鳥材木奉行に転任する。その後の人事記録は不詳。家禄は不詳。

［典拠・参考文献］『尾張藩公法史の研究』、『国秘録役寄帳書抜』、『日進町誌資料編三』、『豊明市史資料編二』、『豊明市史本文編』

森本藤七郎　もりもと とうしちろう　生没年不詳

通称藤七郎。養父は又六。嘉永六年（一八五三）二月二十七日、御目見より父隠居に付き家禄百石を継ぎ、馬廻組に出仕した。同年八月十日、大番組に転任する。文久二年（一八六二）十一月十日、勘定吟味役公事方。慶応二年（一八六六）三月二十二日、杁奉行になる。慶応四年（一八六八）五月十四日、水野代官兼林奉行に昇進した。同年八月十五日、東方惣管参謀助役。明治元年（一八六八）九月二十九日、御目付。同二年二月二日、監察になる。同年十二月三日、五等

官、小牧邑宰。同三年十一月十七日、任権少属、出張所懸り。同四年八月二十八日、免本官。生没年は不詳。家禄は百石。

【典拠・参考文献】『藩士名寄』、『藩士大全』、『瀬戸市史通史編上』、『長久手町史本文編』、『日進町誌資料編三』、『小牧市史』

【や】

八尾吉太夫　やお きちだゆう　生没年不詳

通称吉太夫、吉左衛門、六郎兵衛、藤左衛門。実父は倉林藤左衛門。養父は弥次郎。明和五年（一七六八）十月七日、亡養父の知行二百五十石を継ぎ、馬廻組に出仕した。安永九年（一七八〇）正月二十六日、馬廻組小頭。天明二年（一七八二）二月五日、奥御番に転任する。同年同月十七日、装束御用懸り。同四年十一月二十八日、鳴海代官に昇進した。同八年七月十三日、馬廻組小頭になる。寛政四年（一七九二）十二月三十日、大番組与頭。同七年七月十三日、先手物頭

になる。同十一年九月二十三日、錦織奉行。文化二年（一八〇五）正月二十九日、願に依り隠居。生没年は不詳。家禄は二百五十石。

［典拠・参考文献］『藩士名寄』、『藩士大全』、『豊明市史本文編』、『日進町誌資料編三』

矢野藤助　やの とうすけ　生年不詳～天明四年（一七八四）

通称藤助、善助。父は藤助。寛延三年（一七五〇）二月十五日、御国方手代に出仕した。明和三年（一七六六）正月十九日、山方野方奉行になる。同年九月十三日、林奉行兼帯。同六年八月二十四日、濃州郡奉行。明和九年（一七七二）二月二十四日、尾州郡奉行になる。天明二年（一七八二）十月十三日、小牧代官に昇進した。同三年八月五日、寺社吟味並。同年十二月二十五日、眼病のため、願に依り御役御免、小普請組へ。天明四年（一七八四）八月二十四日、在職中に病死した。生年は不詳。家禄は切米十二石扶持三人分。子の藤九郎は、太田、小牧、水野、佐屋、鳴海、清須代官である。

［典拠・参考文献］『藩士名寄』、『藩士大全』、『小牧市史』、『江南市史本文編』、『街道今昔　美濃路をゆく』

安永二年（一七七三）美濃路の起宿本陣で、陸奥福島藩主板倉勝行が病死する事案が発生した。本陣加藤家から尾張藩郡奉行の役人矢野藤助に内々に報告された。これらの事案を宮川充史氏は

『街道今昔　美濃路をゆく』の中で、次のように記している。

安永二年（一七七三）八月七日、大坂から江戸に戻る勝行は起宿に到着するも、病気のためしばらく逗留することになった。病状は重く、十日には加納藩の医師大河内春羽、名古屋の町医師伊藤其澤が十一日に来るが、十一日に勝行は死亡した。享年二十一という若さであった。大名は生存中に嫡子を決定する必要があるが、若い勝行にはまだ子供がいなかった。このような場合は死は公表されず、生存されていることにして手続きをおこなう。おそらく幕府もすべてわかっている。尾張藩からの見舞いの使者にも勝行は病中で「御答不都合」というように死亡を隠したが、御三家の尾張藩へ恐れ多いという意識もあり、本陣加藤家より内々に相談があり、加藤家より尾張藩郡奉行の役人矢野藤助へ内々に死を告げ、さらに上役の郡奉行横井此右衛門に伝えられた。

八月二十日、江戸福島藩屋敷より幕府へは八月十六日死亡という届けを出しという書状が到来した。勝行の死を知り江戸屋敷ではさまざまな手続きをしたのであろう。八月二十二日、板倉一族の安中藩板倉佐渡守の次男定五郎（勝矩）への相続がすみ、板倉氏の菩提寺三河国貝吹村長圓寺（西尾市）への埋葬が許可された。—（後略）。

矢野藤九郎　やの とうくろう　生年不詳〜安政元年（一八五四）

通称藤九郎、字吉。名は可峯。父は小牧代官の藤助。文化四年（一八〇七）十二月二十六日、御目見えより留書見習に出仕した。同七年正月二十六日、留書並。同九年十月十三日、留書本役になる。文政元年（一八一八）十月二十日、勘定吟味役並。同四年正月十一日、勘定吟味役本役になる。同六年十一月二十六日、太田代官に昇進した。同十一年六月三十日、小牧代官に転任する。同十二年五月十二日、昨秋廻村先に於いて、百姓共兎狩、魚採りを見学、捕まえた品を買取ったことについて、七日間の差扣（さしひかえ）を受けた。同十二年六月二十六日、水野代官兼林奉行になる。同十三年六月四日、亡父藤助の遺跡三十四俵を継ぐ。天保四年（一八三三）十月十日、佐屋代官となる。同八年十月十日、鳴海代官に栄進した。同十一年十一月二十二日、川並奉行格清洲代官になる。同十四年七月二十五日、御納戸。安政元年（一八五四）十二月十八日、御納戸在職中に病死した。生年は不詳。家禄は切米三十四俵。子の錠太郎は、上有知代官である。

［典拠・参考文献］『藩士名寄』、『可児町史通史編』、『川辺町史通史編』、『美濃加茂市史通史編』、『小牧市史』、『江南市史本文編』、『瀬戸市史通史編上』、『長久手町史本文編』、『日進町誌資料編三』、『佐屋町史史料編二』、『豊明市史本文編』、『新修稲沢市史通史編上』、『新川町史通史編』、『清州町史』

矢野錠太郎　やの じょうたろう　生没年不詳

通称錠太郎。父は太田、小牧、水野、佐屋、鳴海、清須代官の藤九郎。天保十年（一八三九）八月二十九日、御目見より留書見習に出仕した。同十二年正月十六日、留書並。同年八月十九日、留書本役になる。弘化三年（一八四六）十二月十八日、寺社奉行所吟味役。嘉永四年（一八五一）正月八日、勘定吟味役勝手方。同六年三月九日、公事方。安政二年（一八五五）八月十六日、地方吟味役になる。同三年六月十五日、寺社吟味役。同六年十二月十八日、寺社奉行所吟味役頭取となる。文久二年（一八六二）世録高五十俵に加増される。同三年十一月二十日、大坂御用達役兼勘定吟味役頭取。元治元年（一八六四）八月二十二日、金奉行並。同年十月十五日、上有知代官に昇進した。慶応元年（一八六五）十月二十二日、金奉行格普請役。同三年八月二十六日、寺社奉行所吟味役頭取になる。同四年九月四日、寺社奉行所廃止に付き馬廻組に転任する。同年同月十二日、馬廻組廃止に付き御目見席寄合。明治二年（一八六九）正月十八日、寺院録事。同年九月三十日、御城御番一等兵隊。同三年三月四日、雇家従六等官、作事懸り。同四年三月十五日二等家従。生没年は不詳。家禄は五十俵。

［典拠・参考文献］『藩士名寄』、『藩士大全』、『美濃市史通史編』

山内瀧江　やまうち たきえ　生没年不詳

通称瀧江、清次郎、與八郎、鍬太郎。父は与左衛門。天保十三年（一八四二）四月十九日、御目見より馬廻組に出仕した。同年八月十日、御小姓格前大納言様御側懸り。同十四年六月二十三日奥詰、前大納言様御用相向心得。弘化二年（一八四五）二月二十四日、大番組。文久二年（一八六二）七月二十七日、相組世話役取扱い。元治元年（一八六四）十月二十一日、勘定吟味役公事方。慶応三年（一八六七）十二月二十五日、清洲代官に昇進した。明治二年（一八六九）六月二十四日、佐屋代官に転任する。同年十一月二十五日、佐屋邑宰。同三年二月十九日、五等官清州邑宰。同年十一月十七日、任少属出張所懸り。同四年八月二十八日、丹羽郡出張所懸り。生没年は不詳。家禄は百五十石。

【典拠・参考文献】『藩士名寄』、『藩士大全』、『新修稲沢市史通史編上』、『佐屋町史史料編二』、『新編一宮市史資料編八』

山田貫一郎　やまだ かんいちろう　生年不詳〜慶応三年（一八六七）

通称貫一郎、為二郎。養父は東一郎。文政六年（一八二三）七月十二日、徒目付見習に出仕した。同九年十月十三日、徒目付になる。天保六年（一八三五）四月十二日、熱田奉行所改役並になる。同年十月六日、亡父遺跡切米三十俵を継ぐ。同八年正月三十日、熱田奉行所改役本役。同

十一年五月十八日、蔵奉行になる。同十二年十二月二十七日、上有知代官に昇進した。同十四年十二月二十六日、小牧代官に転任する。嘉永四年（一八五一）四月十六日、佐屋代官になる。安政五年（一八五八）十二月二十九日、鳴海代官に栄進する。同六年十月二十二日、木曾材木奉行並兼錦織奉行。文久三年（一八六三）正月十一日、木曾材木奉行本役になる。同年八月十五日、寿操院様御用役。元治元年（一八六四）四月二十四日、錦織奉行並兼木曾材木奉行。同年五月十二日、錦織奉行格普請役。慶応元年（一八六五）七月十九日、錦織奉行格鉄砲玉奉行に栄進した。同三年十二月二十七日、鉄砲玉奉行在職中に病死した。生年は不詳。家禄は五十俵。

【典拠・参考文献】『藩士名寄』、『藩士大全』、『美濃市史通史編』、『小牧市史』、『新編一宮市史資料編八』、『佐屋町史史料編一』、『日進町誌資料編三』、『豊明市史本文編』

山田東一郎　やまだ　とういちろう　生年不詳～天保六年（一八三五）

通称東一郎、東十郎、長蔵。父は杢右衛門。天明七年（一七八七）十二月二十六日、浪人より勘定方並手代に召抱えられる。寛政元年（一七八九）五月十七日、元方手代になる。同六年六月四日、御勝手方勘定役。同九年十二月十六日、江戸本〆代、御勝手御繰合方。同十年十一月十七日、御歩行格になる。享和元年（一八〇一）三月二十四日、徒目付になる。文化二年（一八〇五）五月二十六日、徒目付組頭になる。同四年七月八日、町方吟味役。同六年二月二十九日、勘定吟味役。同九年三月二十九日、杁方懸り。同年七月十三日、太田代官に昇進した。文政元年（一八一八）十月二十日、勘定吟味役頭取になる。同八年二月十四日、白鳥材木奉行。同年六月十日、永々御目見えに昇格し、元高三十俵に加増された。天保三年（一八三二）十月二十日、勘定吟味役頭取兼帯となる。同六年八月十一日、在職中に病死した。生年は不詳。家禄は三十俵。

【典拠・参考文献】『藩士名寄』、『藩士大全』、『美濃加茂市史通史編』、『川辺町史通史編』、『可児町史通史編』

山本平太夫　やまもと へいだゆう　生年不詳～文政十一年（一八二八）

通称平太夫、佐一郎。父三郎治の惣領。天明四年（一七八四）十月一日、御目見より惣帳方下書に出仕した。寛政三年（一七九一）四月六日、五十人目付並。同六年二月十六日、五十人目付本役になる。享和元年（一八〇一）三月四日、杁奉行。同三年十月四日、勘定吟味役地方懸り・杁懸りになる。文化八年（一八一一）十月十三日、横須賀代官に昇進した。同十一年十月二十九日、鵜多須代官に転任する。文政四年（一八二一）正月二十四日、鳴海代官になる。同六年十一月二十六日、大代官に栄進した。同七年十一月二十九日、金奉行になる。文政十一年（一八二八）九月二十九日、長囲炉裏番となる。同年十二月十七日、長囲炉裏番在職中に病死した。生年は不詳。家禄は、三十石扶持四人分。

［典拠・参考文献］『藩士名寄』、『藩士大全』、『東海市史通史編』、『知多市誌本文編』、『八開村史通史編』、『祖父江町史』、『豊明市史本文編』、『日進町誌資料編三』

【ゆ】

弓場勘三郎　ゆみば かんざぶろう　文政元年（一八一八）〜没年不詳）

通称勘三郎、寛三郎。父は藤左衛門。文政元年（一八一八）九月十九日に生まれる。天保十三年（一八四二）六月三日、御目見より留書見習に出仕した。同十五年七月十三日、留書並。嘉永二年（一八四九）十二月二十九日、留書本役になる。安政三年（一八五六）九月十五日、船方改役並。同四年十二月十八日、地方吟味役並。同六年八月十二日、勘定吟味役並。同年十二月十八日、太田代官に昇進した。同七年正月、父隠居に付家督百五十石を継ぐ。文久二年（一八六二）八月十二日、川並奉行兼北方代官兼円城寺奉行になる。同三年十二月一日、錦織奉行格明倫堂主事に転任する。元治元年（一八六四）十月十日、留書頭並に栄進した。慶応二年九月十一日、普

請奉行格普請役。同四年八月五日、普請奉行格勘定吟味役頭取になる。明治二年（一八六九）九月三十日、町奉行所吟味役頭取。同年十一月二十五日、民政権官市政懸り。同三年三月十五日、御維新骨折相勤に付金五両給う。没年は不詳。家禄は百五十石。妻てふ天保二年正月生。

［典拠・参考文献］『藩士名寄』、『藩士大全』、『旧名古屋士族別簿』、『美濃加茂市史通史編』、『川辺町史通史編』、『可児町史通史編』、『新編一宮市史資料編八』、『北方御代官人名録』、『江南市史本文編』

【よ】

横内半兵衛　よこうち はんべえ　生没年不詳

通称半兵衛、鍬次郎。養父は新十郎。文政十三年（一八三〇）八月四日、養父隠居に付き家督三十俵を継ぎ、小普請組に出仕した。天保九年（一八三八）四月十一日、徒目付。安政五年（一八五八）九月十五日、徒目付組頭並。文久元年（一八六一）八月四日、徒目付組頭本役。同二年二月四日、岐阜奉行所改役。同年十一月二十日、世録高五十俵に加増される。同三年十二月二十九日、鵜多須代官に昇進した。元治元年（一八六四）四月十四日、蔵奉行並。同年十二月二十日、蔵奉行並差止。明治二年（一八六九）十一月二十五日、倉庫方従事与。同年十二月二十九日、職務御免。生没年は不詳。家禄は五十俵。

【典拠・参考文献】『藩士名寄』、『藩士大全』、『八開村史通史編』、『祖父江町史』、『新編一宮市史資料編八』

吉田次郎吉　よしだ じろきち　生没年不詳

通称次郎吉。養父は喜助。文政九年（一八二六）四月二十二日、養父の家督を継ぎ、馬廻組に出仕した。天保四年（一八三三）五月四日、御廣敷詰になる。同六年十月二十六日、御広敷御用達兼帯。同九年八月二十日、岐阜奉行所改役。同十三年正月二十五日、蔵奉行。嘉永三年（一八五〇）七月八日、勘定吟味役勝手方。同五年六月二十六日、地方相勤。安政二年（一八五五）八月十六日、地方吟味役。同五年十二月二十九日、太田代官に昇進した。同六年十二月十八日、横須賀代官に転任する。文久二年（一八六二）十一月二十日、世録高五十俵に加増される。同年十二月十八日、御納戸並。同四年正月十一日、御納戸本役になる。明治二年（一八六九）十月二十五日、出納方従事。同三年六月十九日、願通り隠居。生没年は不詳。家禄は五十俵。

【典拠・参考文献】『藩士名寄』、『藩士大全』、『川辺町史通史編』、『可児町史通史編』、『美濃加茂市史通史編』、『東海市史通史編』、『郷土文化第四巻第三号』、『知多市誌本文編』

吉田助次郎　よしだ すけじろう　生年不詳～明治三年（一八七〇）

通称助次郎、助九郎。名は嘉武。父は孫助。文化十四年（一八一七）十一月十八日、亡父遺跡百石を継ぎ、馬廻組に出仕した。文政九年（一八二六）四月十日、大番組に転任する。同十年二月十二日、表錠口番並。同年同月十八日、書院番。天保二年（一八三一）九月十日、大番組。同八年七月二十日、勘定吟味役になる。同十二年十二月二十七日、太田代官に昇進した。同十四年三月七日、鵜多須代官に転任する。弘化三年（一八四六）十月十日、伏見屋敷奉行。同四年十一月十二十日、勘定吟味役格佐屋代官。嘉永四年（一八五一）四月十六日、鳴海代官に転任。安政五年（一八五八）十二月二十九日、大代官に栄進した。文久二年（一八六二）十月四日、小納戸廣敷懸り。同年十二月十二日、御使番格白鳥材木奉行。同三年正月二十七日、金奉行になる。明治二年（一八六九）十一月二十五日、出納方従事。同年十二月十九日、職務差免。明治三年正月九日、病死した。生年は不詳。家禄は百石。

吉田助次郎から国学者植松茂岳宛の書簡に、「小田切忠近（春江）から『名区小景』の中の数枚について、歌を詠んでくれるよう依頼があった。次の七首を記して、撰に入る様なら添削してもらいたい

富士見原　名に高き富士見の原のはるゝ日はとはねとしるき山そみえける

長久手　ふきおこる松の嵐に雪きえて朝日さやけき長久手の山

夜寒里　いにしへの歌の心のおもかけもたつや夜さむさのさとの秋風
宮田いり　春雨もしらぬめくみをみや田なる水のまに〳〵なひく民草
入鹿池　あつさ弓いなりのいけとものゝふはをはりの国のまもりなりけり
有松しぼり　染はやすくゝりのくぬか君か代のさかゆく道も有松のさと
鵜多須　むかし官舎にて梱松上の藤をみてよみたり
うたすなる藤咲枝のたかけれはちりもかゝらす折人もなし

七首のうち、「名区小景」に載せられたのは、長久手と宮田杁の二首のみで、添削は加えられていない。(『植松茂岳第二部』二二九～二三〇頁)

【典拠・参考文献】『藩士名寄』、『藩士大全』、『植松茂岳第二部』、『川辺町史通史編』、『美濃加茂市史通史編』、『可児町史通史編』、『八開村史通史編』、『祖父江町史』、『新編一宮市史資料編八』、『佐屋町史史料編二』、『日進町誌資料編三』、『豊明市史本文編』、『豊明市史資料編二』、『植松茂岳第二部』

寄田清太夫　よりた せいだゆ　生年不詳～天保十年(一八三九)

通称清太夫、喜三郎。名は九峰。父新九郎の三男。文化八年(一八一一)十月二十三日、御目見えより家督百石を継ぎ、馬廻組に出仕した。同九年十一月二十九日、大番組に転任。同十一年二月七日、勘定吟味役になる。文政四年（一八二一）正月二十四日、横須賀代官に昇進した。同九年六月十四日、清洲代官に転任する。同十一年五月三十日、留書頭並。天保四年（一八三三）正月十一日、留書頭本役になる。同五年十月三十日、作事奉行。同六年三月三十日、普請奉行になる。天保九年（一八三八）四月十六日、勘定奉行並地方兼公事方に栄進した。同十年四月十六日、勘定奉行並在職中に病死した。生年は不詳。家禄は百石。

［典拠・参考文献］『藩士名寄』、『藩士大全』、『東海市史通史編』、『知多市誌本文編』、『新修稲沢市史通史編上』、『清州町史』、『春日村史』、『平和町誌』

【わ】

渡辺源六郎　わたなべ げんろくろう　生年不詳～文久二年（一八六二）

通称源六郎、宗七郎、政次郎、銀治。父丹左衛門の惣領。寛政十二年（一八〇〇）八月二十七日、小普請組に出仕した。文化十一年（一八一四）三月四日、立去り。同年八月二十日、召返さ

れ元の知行、屋敷を受ける。同十四年三月二十四日、大番組。天保二年（一八三一）十二月十六日、勘定吟味役並。同五年正月十一日、勘定吟味役本役となる。同七年九月十四日、勘定吟味役地方。同八年十月十日、太田代官に昇進した。同十二年十二月二十七日、小牧代官に転任する。同十四年十二月二十六日、上有知代官になる。弘化三年（一八四六）九月二十四日、鳴海代官に栄進した。嘉永四年（一八五一）三月二十四日、金奉行。万延元年（一八六〇）十月二十七日、普請役。文久二年（一八六二）八月九日、在職中に病死した。生年は不詳。家禄は六十石。

【典拠・参考文献】『藩士名寄』、『藩士大全』、『川辺町史通史編』、『可児町史通史編』、『美濃加茂市史通史編』、『小牧市史』、『新編一宮市史資料編八』、『江南市史本文編』、『美濃市史通史編』、『日進町誌資料編三』、『豊明市史本文編』、『豊明市史資料編二』

渡辺次郎兵衛　わたなべ じろべえ　生年不詳〜慶応三年（一八六七）

通称次郎兵衛、市九郎。父門右衛門の惣領。文化十四年（一八一七）十二月十八日、亡父遺跡百石を継ぎ、馬廻組に出仕した。文政元年（一八一八）十月二十日、大番組に転任。天保六年（一八三五）九月十日、勘定吟味役になる。同七年九月十四日、勘定吟味役公事方。同十年八月二十日、横須賀代官に昇進した。同十四年十一月七日、御納戸腰物方。安政二年（一八五五）三月八日、御納戸金方。同六年三月二十二日、白鳥材木奉行になる。文久三年（一八六三）七月一

日、金奉行並になる。慶応三年（一八六七）七月三日、金奉行並在職中に病死した。生年は不詳。家禄は百石。

〔典拠・参考文献〕『藩士名寄』、『藩士大全』、『東海市史通史編』、『知多市誌本文編』、『郷土文化第四巻第三号』

典拠・参考文献

・典拠

『稿本藩士名寄』名古屋市蓬左文庫蔵
『藩士名寄』名古屋市鶴舞中央図書館蔵
『藩士大全』（「デジタル版名古屋城下お調べ帳」所収）名古屋市博物館
『国秘録役寄帳書抜』名古屋市鶴舞中央図書館蔵
『職俸録全』名古屋市鶴舞中央図書館蔵
『御普請奉行歴代記』名古屋市鶴舞中央図書館蔵
『旧名古屋士族別簿―明治十年―』愛知県公文書館蔵
『北方御代官人名録』一宮市立図書蔵
『北方村史稿』服部松太郎著　一宮市立図書蔵
『塩江神社資料』個人蔵

・参考文献

『新修名古屋市史 第三巻』名古屋市　平成十一年三月
『新修名古屋市史 第四巻』名古屋市　平成十一年
『名古屋市史 人物編 第一』名古屋市　昭和九年

『名古屋市史 学芸編』名古屋市　大正四年
『名古屋叢書 第二十一巻 随筆編（四）』「感興漫筆下ノ一」名古屋市　昭和三十六年
『名古屋叢書 続編一九「士林泝洄」』名古屋市　昭和四十三年
『名古屋叢書 三編 第九巻　松濤棹筆（抄）上』昭和五十九年
『名古屋叢書 第九巻地理編（四）那古野城志（尾張徇行記（一）』昭和三十八年
『名古屋叢書 続編第十六巻』「金城温古録（四）」昭和四十二年
『名古屋城下お調べ帳』名古屋市博物館編　平成二十五年
『三百藩家臣人名辞典 第四巻（尾張藩）』昭和六十三年
『愛知県災害誌』名古屋地方気象台監修　愛知県　昭和四十五年
『尾張国愛知郡誌』明治二十二年三月
『瀬戸市史 通史編 上』平成十九年
『瀬戸市史 通史編 下』平成二十二年
『瀬戸市史 資料編四 近世』瀬戸市　平成十五年
『近世の瀬戸』瀬戸市　平成八年
『長久手町史 本文編』長久手町　平成十五年
『長久手町史 資料編七 近世』長久手町　平成元年
『日進町誌 資料編三』日進町　昭和六十年
『豊明市史 本文編』豊明市　平成五年

『豊明市史 資料編二』豊明市　昭和五十年
『大府市誌 資料編 近世』大府市　平成二年
『新修稲沢市史 本文編 上』稲沢市　平成二年
『新修稲沢市史 資料編十一 近世地方二』稲沢市　平成二年
『平和町誌』平和町　昭和五十七年
『清洲町史』清州町　昭和四十四年
『新川町誌』新川町　昭和三十年
『新川町史 通史編』清須市　平成二十年
『春日村史』春日村　昭和三十六年
『私達の郷土』稲沢町立明治中学校編　昭和三十一年
『郷土を救った人々─義人を祀る神社─』神社新報社　昭和五十六年
『新編一宮市史 本文編上』一宮市　昭和五十二年
『新編一宮市史 資料編八』一宮市　昭和四十三年
『一宮市史 上巻』一宮市　昭和十四年
『江南市史 本文編』江南市　平成十三年
『小牧市史』小牧市　昭和五十二年
『知多市誌 本文編』知多市　昭和五十六年
『東海市史 通史編』東海市　平成二年

『阿久比町史 本文編』阿久比町　昭和五十六年
『郷土文化』第四巻第三号　名古屋郷土文化協会　平成二年
『佐屋町史 史料編一』佐屋町　昭和五十一年
『祖父江町史』祖父江町　昭和五十四年
『蟹江町史』蟹江町　昭和四十八年
『八開村史 通史編』八開村平成十二年
『立田村史 通史編』立田村　平成八年
『十四山村史 通史編』十四山村　平成十八年
『飛島村史 通史編』飛島村　平成十二年
『港区の歴史』山田寂雀著　平成二十一年
『岐阜県史 通史編 近世上』岐阜県　昭和四十三年
『可児町史 通史編』可児町昭和五十五年
『恵那市史 通史編第二』恵那市　平成三年
『美濃加茂市史 通史編』美濃加茂市　昭和五十五年
『美濃市史 通史編上巻』美濃市　昭和五十四年
『可児町史 通史編』可児町　昭和五十年
『笠松町史 上巻』昭和三十一年
『付知町史 通史編・史料編』付知町　昭和四十九年

林董一『尾張藩公法史の研究』日本学術振興会　昭和三十七年三月
林董一「尾張藩士酒井七左衛門小考」（「郷土研究岐阜創立三十周年記念論集」）平成十五年
林董一「尾張藩士酒井七左衛門補考」（「郷土史研究岐阜会報一〇〇号」）平成十七年六月
林董一　平成十七年度講演会「濃尾国境と人の交流―尾張藩士酒井七左衛門の事績を中心として（講演抄録）―」（「郷土研究岐阜会報第一〇二号」）平成十八年三月
林董一編『新修尾張藩家臣団の研究』国書刊行会　平成元年
林順子「尾張藩円城寺奉行の変遷」（『郷土文化』一七六号）平成八年
高木傭太郎「尾張藩天明改革と所付代官設置」（岸野俊彦編『尾張藩社会の総合研究』）清文堂出版　平成十三年
岸野俊彦編『尾張藩社会の総合研究（第四編）』清文堂出版　平成二十一年
加藤庄三著・加藤正高編『民吉街道』東峰書房　昭和五十七年
松村冬樹「尾張藩役職者の変遷」（『名古屋市博物館研究紀要』第二十八巻）平成十七年
木原克之『続知多半島を読む』愛知県郷土資料刊行会　平成六年
木原克之『尾張藩の幕末・維新』ブックショップマイタウン　平成二十二年
桐原千文「美濃国における尾張藩の役割」（『信濃』第四十巻第十一号）昭和六十三年
植松茂著『植松茂岳第一部』愛知県郷土資料刊行会　昭和五十七年
植松茂著『植松茂岳第二部』愛知県郷土資料刊行会　昭和六十年
植松茂著『植松茂岳第三部』愛知県郷土資料刊行会　昭和六十三年

榊原邦彦『緑区の郷土史』平成二十三年
日比野猛『名古屋名家墓地録（全）』平成七年
渡辺博史『幕末尾張藩の思慮遠慮』ブックショップマイタウン　平成二十七年
渡辺博史『尾張藩幕末風雲録』ブックショップマイタウン　平成二十一年
種田祐司「尾張藩の職制」（羽賀祥二・名古屋市蓬左文庫編著『名古屋と明治維新』）風媒社　平成三十年
宮川充史「福島藩主板倉勝行起宿で病死」（日下英之編『東海の街道1　街道今昔 美濃路をゆく』）風媒社　平成三十年
水野哲『花川風土記』平成八年
冨田幹夫「下半田川総有地と曙光礼賛の碑」（『やまびこ』第二四号）掛川地域力向上委員会　平成二十九年十一月
山田秋衛「津金胤臣の死蠟」（『郷土文化』第七巻第四号）名古屋郷土文化会　昭和二十七年

資料　尾張藩の所付代官

尾張藩の所付代官は、次の通り、それぞれの陣屋（代官所）に赴任し、管轄の蔵入地の年貢徴収・宗門改めや、蔵入地・給地を問わず村触れの伝達・訴訟などを担当している。

佐屋《さや》代官
天明元年〜　役高七十七俵　寛政まで佐屋奉行と兼任。海東郡・海西郡の一部を支配する。陣屋は、海西郡佐屋村にあり。津島と佐屋の船会所、川目付、杁守等を支配する。

北方《きたがた》代官
天明元年〜　役高七十七俵　北方川並奉行を兼務する。陣屋は葉栗郡北方村にあり。葉栗郡全部、丹羽郡・中島郡・美濃国の藩領の一部を支配する。長良川の鷹匠、墨俣川と起村の船頭、井廻役等を支配する。

水野《みずの》代官
天明元年〜　役高七十七俵　御林奉行を兼務する。陣屋は春日井郡上水野村にあり。愛知郡・春日井郡・美濃国の藩領の一部を支配する。赤津村の釜屋を支配する。

鳴海《なるみ》代官
天明二年〜　役高百五十石　陣屋は、愛知郡鳴海村にあり。愛知郡・知多郡の一部、三河国の藩領の一部を支配する。文化八年、愛知郡の一部が大代官支配となる。文化二年〜八年、横須賀代官支配の村々も支配する。

横須賀《よこすか》代官
天明二年〜　文化二年〜八年、一時停止。役高七十七俵　陣屋は知多郡横須賀村にあり。知多郡の一部を支配する。

小牧《こまき》代官
明二年〜　役高七十七俵　陣屋は、春日井郡小

牧村にあり。中島郡・春日井郡の一部を支配する。
入鹿木津杁守・小牧御殿等を支配する。

鵜多須《うたす》代官
天明二年〜　役高七十七俵　陣屋は海西郡鵜多須村にあり。中島郡・海東郡・海西郡・美濃国の藩領の一部を支配する。杁守・船頭等を支配する。

太田《おおた》代官
天明二年〜　役高七十七俵　陣屋は美濃国加茂郡太田村にあり。美濃国の藩領一部を支配する。蜂屋村柿庄屋・上之保村番人・太田村船頭等を支配する。

神守《かみもり》代官
天明三年〜享和三年　役高七十七俵　陣屋は海東郡神守村にあり。海東郡・海西郡の一部を支配か。廃止後は大代官・佐屋代官に移管されるか。

清州《きよす》代官
天明三年〜役高七十七俵　陣屋は春日井郡清須村にあり。中島郡・春日井郡・海東郡の一部を支配する。杁守等を支配する。

上有知《こうずち》代官
天明三年〜役高七十七俵　陣屋は美濃国武儀郡上有知村にあり。美濃国の藩領の一部を支配する。山守・番所を支配する。

円城寺《えんじょうじ》代官
天明二年〜五年　陣屋は美濃国葉栗郡円城寺村にあり。美濃国の藩領の一部を支配する。山守・番所等を支配する。

庄内《しょうない》代官
寛政三年〜十一年　大代官所支配の村々全部が移管される。廃止後は元に復す。

大代官

元和～　役高百五十石　天明元年以前は、三ケ村代官・郡奉行等と共に全藩領支配を分担する。以後は愛知郡・春日井郡の一部、近江国・摂津国の藩領を支配する。寛政二年～十一年一時廃止となり、その間のみ庄内代官に職務が移る。文化八年、鳴海代官の支配の愛知郡の一部が支配下となる。城下に役所あり。山廻り・杁守・万場村船頭等を支配する。

註「尾張藩の職制」種田祐司著（『名古屋と明治維新』所収）を参考にしました。

◉人名さくいん

おわりに

今から二十五年前の平成五年十月、人事異動で中部管区警察局から稲沢警察署長に転勤になりました。管轄する地域の実情を知るため、『新修稲沢市史　本文編上』『平和町誌』を読むと、稲沢市塩江神社境内に澤園兵衛という清洲代官が祀られていることが記されていました。驚きました。代官と言えば映画やテレビの時代劇に出てくる「悪代官」のイメージが強く、私もそんな先入観を持っていました。そこで、この澤園兵衛という人物がどのような代官であったのか、地域の人は今どう思っているのか、興味が湧いてきました。翌年のお正月、塩江神社境内にある澤園社に参拝しました。宮司の橘健《たちばなたけし》さんから「塩江神社資料」をお借りし、そこから澤代官の功労を知ることができました。その後、澤代官の子孫である澤家十三代・澤国生《くにお》氏にお会いすることができ、以来お付き合いをさせていただいています。

平成九年秋に愛知県警察を退職し、ライフワークとして尾張藩の代官を調べることにしました。神社にお祀りされている代官は他にもいるのだろうか。悪代官はいたのか。町奉行、勘定奉行に出世した代官はどうか。代官の顕彰碑なども調べました。

そして鶴舞中央図書館、蓬左文庫、愛知県公文書館、愛知県図書館、岐阜県立図書館、愛知・岐阜県下の市町村図書館にも通いました。複写したコピーの厚さは約二メートルに達しました。その中から尾張藩所付代官の記録や履歴、エピソードを探し出し、拾い上げてまとめたのが本書です。

司馬遼太郎さんは、「歴史とはかつて存在した人の人生がそこに詰め込まれた世界です」と書かれています（『二十一世紀を生きる君たちへ』）。本書にも所付代官一人ひとりの人生が詰め込まれています。御目見えから尾張藩に出仕、そして代官に昇進。その後各奉行に栄進し、隠居。家禄などからも代官の人生がわかります。神様として祀られている代官は澤園兵衛清洲代官と、酒井七左衛門北方代官の二人しかいません。改易された代官は新井卯兵衛大代官の一人だけです。

代官から各奉行への昇進者は、作事奉行に六人、普請奉行に六人、岐阜奉行に五人。勘定奉行に上り詰めたのは八人。異色の学者代官は四人おり、頌徳碑が建てられた代官も二人います。これらの調査に十年余の時間を費やし、やっと出版にこぎつけることができました。

本書を刊行するにあたり、風媒社の劉永昇編集長をはじめ、スタッフの方に大変お世話になりました。感謝申し上げます。

令和元年六月

著者

[著者略歴]
澤柳 倫太郎（さわやなぎ　りんたろう）
1938(昭和 13)年、長野県飯田市に生まれる。1962（昭和 37）年10 月、愛知県警察官拝命。中部管区警察局一宮高速道路管理官、稲沢警察署長、西尾警察署長、愛知県警察地域部参事官兼通信指令課長を歴任。1997（平成 9）年、愛知県警察を定年退職。元瀬戸・尾張旭市郷土史研究同好会副会長。名古屋郷土文化会会員。元尾張旭市文化財保護審議会審議委員。主な編著書『清州代官澤園兵衛重格二百年祭』『清州代官澤園兵衛重格―鳴見代官から普請奉行に』『清州代官澤園兵衛の子孫』『瑞穂警察署四十年史』『三河地震と警察活動』『全国澤柳姓のルーツ』等。
住所　〒 488-0024 愛知県尾張旭市井田町 4-122-1

尾張藩所付代官人名辞典

2019 年 10 月 4 日　第 1 刷発行　（定価はカバーに表示してあります）

著　者　　澤柳 倫太郎

発行者　　山口　章

発行所　名古屋市中区大須 1-16-29　振替 00880-5-5616 電話 052-218-7808　http://www.fubaisha.com/　風媒社

*印刷・製本／モリモト印刷　　乱丁本・落丁本はお取り替えいたします。
ISBN978-4-8331-5368-3